戦争と広告

第二次大戦、
日本の戦争広告を読み解く

森 正人

角川選書
568

はじめに

本書は戦時中と現代における日本の「聖戦」（日中戦争と太平洋戦争）の多様な広告を吟味しながら、その視覚性と物質性を明らかにすることを目的にする。私たちが見ているものは自明のものではなく、特定の目的に応じて見せられているものである。こうした操作された視覚を「視覚性」と呼ぶ。

また筆者は物質展示を通したナショナリズムの醸成過程を考えてきた（森二〇〇五、二〇〇七）。そこに存在している物もまた自明ではなく、選別され、配置されている。物はそこに存在することによって、特定のメッセージを伝える。これを「物質性」と呼ぶ。したがって、聖戦に関わる事物を通して、その背後にある特定の思想や観念を捉《とら》えることと、それが社会に与える効果や影響を捉えることで、戦時中、現代における「聖戦」の意味をより深く理解できると考える。

日本における戦争の視覚性については、たとえば戦時中における美術とのつながりから考えることができる。一九三七年の日中戦争開始以降、従軍志願した画家たちは、戦争を記録すると同時に、正義の聖戦の物語化に寄与した。一九三八年には朝日新聞社が第一回戦争美術展を開催し、熱狂的な歓迎を受けた。一九四一年に太平洋戦争が勃発《ぼっぱつ》すると、藤田嗣治《つぐはる》や宮本三郎などの欧米留学経験者によって、戦争のダイナミズムがキャンバスに表現され、日本軍の圧倒的な勝利を国民に信じさせたのである（神坂ほか二〇一〇：河田二〇一四）。また、戦争の視覚性については、日用品の広告から考えることもできる。人びとの潜在的欲望に訴えかける機能を持つ商品広告は、戦時中、そのデザインと文句でもって銃後における戦争協力の必要性も訴えたのである（早川二〇一〇：若林二〇〇八）。

本書では美術や商品広告ではなく、博覧会や博物館における事物展示と雑誌における写真の視覚性を検討する。これらは時間・空間を越えて、あるメッセージを告げる。本書のタイトルである「広告」とは人びとに広く告げ知らせる意である。絵画とは異なり、写真や展示物は「本物」感を運ぶ広告である。たとえば写真についてロラン・バルトは被写体が「そこにかつて確実に存在した」ことに写真の特殊性を見いだす（バルト一九九七：一〇五頁）。それは絵画には存在しないリアリティである。戦時中の博覧会では戦争で用いられた自国、敵国の兵器や、植民地の文物が展示されていた。これもまた本物らしさを感じさせる。こうしたものを用いながら戦争に向けて国民の一体感が醸成されていくのである。もちろん、日本人の優位性、道徳性、精神性といったことは決して新しい情報ではなかった。それは明治時代以降、とりわけ一八九〇年代に作り出され、喧伝《けんでん》されてきた、いわば使い古しのフレーズであった。戦争の視覚イメージと物質はそれを再度、提示し直すことで、国民の戦争理解の枠組みを作り、そして国民のプライドを刺激し、道徳を規律化したのである。

序章では「メディア」とは何か、それが戦争に関する特定の物語をどのように作り上げていくのかを考えたい。メディアとはマスメディアだけではなく、ある意味やメッセージを帯びたものすべてを指す。したがって、テレビや新聞のほか、博物館の展示品や写真もまたメディアに含まれるのであり、それはまた広告でもある。ここでの検討は、戦争の視覚性と物質性を議論するための土台を与えてくれるだろう。

第一章では日中戦争以降、形づくられてきた「聖戦」という概念が、どのように博覧会を通して物質化され、雑誌を通して視覚化されていったのかを考えたい。展示品という事物は、ある意図をもって収集され、配置される。その事物の価値は決して本質的なものではなく、特定の意図の下、特定の意味が与えられたものである。事物は視覚的なものに実体を与え、それを確約し、視覚的なものはあらゆる意味に実験に基づいた真実をそれに与える。そうすることで特定の戦争に関する物語が作られ、また支えられるのである。

第二章と第三章では『写真週報』と『アサヒグラフ』の記事と写真を検討する。前者は戦勝の状況、戦う兵士の身体などがどのように視覚化されたのか、後者は銃後の道徳性がどのように視覚化されたのかを考える。銃後のほとんどの国民にとって戦地は未知の空間であり、また敵国兵士は未知の人間であった。それを可視化し、物質化することで、憎むべき敵国と、尊敬すべき日本の国民性の想像力が刺激されるのである。

第四章は「聖戦」が今、どのように視覚化され想像されているのかを考えたい。過去は特定の回路で再現される物語であり、決して「事実」ではない。しかし特定の物語は賞賛のレトリックと特定の事物や視覚イメージでもってスポットライトが当てられ、別の物語は巧妙に排除されていく。一方でテレビ、インターネット、SNSが登場し、他方で紙媒体のメディアが苦戦を強いられているなか、メディアはたしかに質的に変化しているが、その質的変化にもかかわらず、視覚イメージの意味生産のプロセスは驚くほど類似している。したがって、現代における戦争の意味生産のプロセスを考えることは、この日本がどのように戦後を過ごしてきたのか、あるいは私たちは何を反省し、畏《おそ》れてきたのか沈思することに繋《つな》がる。

それによって、私たちがどこから歴史を、戦争を見ているのか、考えているのか、を問い続けることの重要性を考えていきたい。私たちが「社会」の「多数」に呑《の》み込まれたり取り込まれたりすることから逃れるには、その都度、振り返り続けること、そして同時に行方を定め直し続けることとしかない。ただし、支配され管理されることから毅《き》然《ぜん》と逃れることは不可能である。であるなら、半分だけでも目覚め続ける。そうした反省の仕方を身につけるために、見ているもの、触れているものの背後を捉える方法を知ることは重要である。

なお、本書では、戦時中の刊行物を多く用いる。それらの中にはたとえば「支那」のような現在では蔑《べっ》視《し》と捉えられる文言も散見される。本書はそうした差別に与《くみ》するものではないが、歴史へのアプローチとその意義を提示するために敢《あ》えて手を加えずに、提示することにした。また、「東亞」を「東亜」としているように、必要に応じて新字・現代仮名づかいに改めている。

目　次

序章

メディアは嘘をつく

広く人びとに情報を告げる広告は、媒体《メディア》である。そして不特定多数の人びとに大量の情報を伝達するマス《多数の》メディアは、さまざまな種類がある。英文学者でメディア論者でもあるマーシャル・マクルーハンは、「自身を拡張したもの」を「メディア」と呼ぶ。つまり、一般にメディアとしてイメージされる新聞、電話、映画、ラジオ、テレビのほか、話される言葉、書かれた言葉、衣服、住宅、写真などあらゆるものをメディアとして考察するのである。ただし、メディアがメディアであるには、マクルーハンが「メディアはメッセージである」（マクルーハン一九八七：七頁）と強調するように何らかのメッセージをともなわなければならない。メディア自身がメッセージを発するだけでなく、「どんなメディアでもその『内容』はつねに別のメディアである」（八頁）というように、別のメディアからメッセージが与えられることもある。つまり、メディアの形態や形式はもちろん重要だが、それが特定のメッセージを持たない限り、メディアなのである。

言うまでもなく、メディアは価値中立ではない。それは、どの事件をどのくらいの分量で、紙面のどこに、あるいは放送時間のどこに、どの視点から報道するのか決定する。つまり、出来事の取捨選択や編集を行っている。よってこれらのマスメディアが偏向しているかどうか検証することは重要である。と同時に、マクルーハンが「いかなるメディアも単独でなく、たえず他のメディアとの相互作用のなかではじめて意味あるいは存在を持つ」(マクルーハン一九八七:二七頁)と記すように、「偏向」がどのような相互作用の中で、あるいは社会的な背景の中で作られるのかに目を向ける必要があるだろう。

マスメディアはたしかに嘘をつく。そしてそれは特定の権力者におもねり、あるいは権力者によって支配される。それに対して自覚的であることはとても重要である。しかし同時に、人びとは完全にメディアの力から独立した存在であると考えるのは少し単純ではないだろうか。というのも、メディア研究で明らかになったのは、人びとはもちろんメディアを批判し、どれを信頼するか選択する能力を持っているが、それでもなおメディアの政治的な影響を受けているということだからである。メディアと政治との関わりは私たちが考えている以上に複雑である。

たとえば、イギリスのカルチュラル・スタディーズの代表でもあるスチュアート・ホールらの研究グループは、一九七二年の夏にイギリス、ロンドンのウォータールー駅近くで白人男性が黒人の若者によって刺殺された事件の新聞報道を詳細に論じている。新聞はこの事件に対して「路上強盗 mugging」という言葉を使い、前代未聞の事件と騒ぎ立てた。「路上強盗」は犯罪行為自体とその増加が別段新しい現象ではないにもかかわらず、メディアはそれを前例のない、新型犯罪の増加として取り上げたのだ（Hall, Critcher, Jefferson, Clarke & Roberts 1978）。しかもその路上強盗を黒人の若者と結びつけることで人種差別を強化したのである。イギリスの民衆は憤激し、きびしい処罰をのぞむ声を上げた。ホールたちは新聞メディアの分析の中で「モラルパニックは、深く構造化された不安感と伝統主義がメディアによる犯罪の大衆的な定義と結びつき、動員されるときに現れる」（一六五頁）と記している。つまり、新聞メディアは単なる情報提供機関なのではなく、また新しい何かを作り出しているのではなく、すでに存在している社会の異端者に対する固定イメージ、黒人移民に対する敵意、社会変化に対する恐怖と怒りなどを利用して、新しい理解の枠組みを提供しているのである。

この遺産は現在も引き継がれている。二〇一五年一一月末から一二月初めにかけてアメリカで二つの銃撃事件が起こった。一つはキリスト教福音主義の過激派であるロバート・ディアが中絶に反対してコロラド州の産科医療施設で銃を乱射した事件、もう一つはＩＳＩＳに賛同したサイード・ファルークと妻のタシュフィーン・マリクがカリフォルニア州の福祉施設で銃を乱射した事件である。両者とも宗教的なイデオロギーに拠《よ》った事件であるにもかかわらず、アメリカの保守的なニュース番組専門放送局のフォックスは、前者を「ガンマン」、後者を「テロリスト」と呼ぶ。前者は宗教との関わりについては明らかではなく、また精神薄弱の恐れがあると報道することで、キリスト教原理主義と関わりのない個人的な事件であることを強調する一方、後者はイスラーム教との結びつきがほのめかされるのである。それはアメリカ保守層のムスリムに対する敵対心と恐怖心を枠づけ、かつ国内の宗教運動から目をそらす方向へと向かっていると言えるだろう。

戦時中のメディアの役割

メディアは民衆を説得するというよりも、現実社会で生じていること、生じようとしていることに対する理解の枠組みを形成している。正しさとは何か、悪とは何か。こうしたものの定義を作り出すのに深く関わっている。本書で考えてみたいのはこのメディアが戦争においてどのように機能したのかということである。本書で取り上げるのは、戦時中、そして現代の日本における博覧会や博物館での展示、報道写真雑誌、そして映画である。それぞれのメディアがどのような意味を与えられ、あるいはどのような意味を写真や展示品に与えているのか。それはどのようにしてなのか。こうしたことを検討する。

戦争は単に戦うものではない。それは圧倒的多数の非兵士によって「見られる」「読まれる」ものでもある。したがって戦争を伝えるメディアは非常に重要である。メディアと戦争が結びつくのは一八五三年のクリミア戦争だと考えられる（Hoskins & O'Loughlin 2010）。もちろんそれ以前にも戦争絵画は戦争のメディアとしてヨーロッパで機能してきたが、この戦争を機に不特定多数の見物人が登場し、戦争という出来事に共在することになった。

　メディアの中でも戦争に密接に関わる報道は「プロパガンダ」と呼ばれる。オクスフォード辞典によるとこの語はそもそもローマカトリックの海外宣教を統括する布教聖省（Congregatio de Propaganda Fide）に用いられていたが、二〇世紀に入ると政治的な主張を展開するために用いられるバイアスのかかった情報を指すようにもなった。後者の意味が強まったのは第一次世界大戦の勃発《ぼっぱつ》と関連している。一九一四年のサラエボ事件に端を発してヨーロッパ全土、そしてアメリカ合衆国（以下ではアメリカと略称）を巻き込むまでに広がった戦火は、自国軍への志願兵を募るポスターを生み出したのだった。

アメリカの志願兵を
呼びかけるポスター

また、アメリカでの日用語に「メディア」という語が入るのは一九二〇年代で、広告業界誌の「広告媒体《メディア》」を起点とする（香内・山本一九八七）。メディアとプロパガンダは非常に近しい関係にあるとも言えるだろう。

　アメリカにおいて戦争プロパガンダは、第一次世界大戦から始まり、第二次世界大戦、朝鮮戦争（Casey 2008）からイラク戦争まで十分な配慮のもと練り上げられてきた。もっとも有名なプロパガンダポスターは、第一次世界大戦の志願兵を呼びかけるためにモントゴメリー・フラッグが一九一七年にデザインしたアンクル・サムのものだろう。これは一九一四年のイギリス軍志願兵を呼びかけるポスターをモデルにしている（Bownes & Fleming 2014）。第二次世界大戦では日本軍による真珠湾攻撃を経て、一九四二年に広告協議会《アドバタイジング・カウンシル》が結成され、国土防衛を主としたプロパガンダの商品広告が展開する（Stole 2012）。

第一次世界大戦に参戦しなかった日本にとって、第二次世界大戦こそが初めて本格的なプロパガンダ戦略の機会だった。本書が焦点を合わせるのもこの戦争である。プロパガンダと聞くと、政治的なメッセージが強調された、人びとの思想を操作するメディアという何かおどろおどろしいものというイメージはないだろうか。しかし、戦前の日本ではプロパガンダの娯楽的側面に注目し、楽しませながら国民を扇動する思想戦も考案されていた（辻田二〇一五）。それはアメリカでも同様であり、たとえば太平洋戦争から漫画による敵の悪性の視覚化が始まり、戦争の正当性が叫ばれ現在にまで続く（Scott 2014）。したがって、プロパガンダを取り巻く制度だけでなく、具体的にどのような図像、画像、映像が人びとを虜《とりこ》にしたのかを詳細に検討する必要性もあるだろう。

プロパガンダの話へ進む前に、第二次世界大戦について概述しておくことは、本書を読み進める上で大切であろう。第二次世界大戦とは、一九二〇年代末からの世界恐慌の後、世界再分割を目指す後進資本主義国である日独伊のファシズム枢軸国と、米英仏ソ連中国などの連合国との間に起こった全世界的規模の戦争を指す。日本をファシズムと呼ぶことに抵抗感を示す向きもあろうが、実際、日本は全体主義を掲げていた。ヨーロッパでは一九三九年ドイツのポーランド侵入が発端となって戦争が始まり、一九四一年の暮れには日本がアメリカに宣戦布告し太平洋戦争が勃発した。同年、ドイツは独ソ不可侵条約を破棄したため独ソ戦争が始まり、戦乱は一挙に拡大した。

ただし、日本においては第二次世界大戦開戦前の一九三七年に中国との戦争を始めていた。盧溝橋《ろこうきょう》事件に端を発する日中戦争は、当時、支那事変と呼ばれた。この戦争は欧米列強の圧政に苦しむアジアを解放し、日本を中心とする大東亜共栄圏の樹立を目指す「聖戦」と称され、後の太平洋戦争にその呼称は引き継がれる。もう少し時間を遡《さかのぼ》れば、一九三一年の九月に中国の奉天《ほうてん》（現在の瀋陽《しんよう》）の郊外にある柳条《りゅうじょう》湖で南満州鉄道会社の線路を日本軍がわざと爆破し、それを契機として中国東北部を中心に戦争が始まっていた。日本では「満州事変」と呼ばれるこの戦争は、日本の傀儡《かいらい》政権としての満州国を生み出し、それが日中戦争、そして太平洋戦争へと続いた。現在ではこの長期の戦闘状態は「十五年戦争」と称されている。

一九四一年暮れの真珠湾攻撃は「成功」し、翌年にはイギリス軍を撃破、香港、シンガポールを日本は陥落させた。オランダ軍も打ち破り、インドネシアを支配下に置くに至ると、豊富な天然資源を手にすることとなった。これらの新しい支配地域は「南洋」「南方」と呼ばれた。しかし、一九四二年六月のミッドウェー島沖で日本とアメリカで行われたミッドウェー海戦で、日本機動部隊が、四隻の空母および多くの搭乗員を失うと、戦局は一気に日本不利の方向へと向かう。敗退を続ける日本がポツダム宣言を受け容《い》れ無条件降伏するのはその三年後、一九四五年の夏だった。

支那事変が勃発すると、政府はメディアからの情報を統制した。こうして政府の意向に添った、バイアスのかかった「プロパガンダ」が生み出される。メディアの情報統制は、一九三七年の「新聞（雑誌）掲載事項拒否判定要領」による新聞雑誌の記事内容の検閲が挙げられる。ただし単純に情報が統制されただけでなく、メディアの側にも自主的に政府を積極的に支持し、「偏向」報道を行ったことも指摘できる。『朝日新聞』は満州事変勃発の翌月の一〇月の会議において、政府の方針に対する積極的な支持を表明し、新聞報道も国家の意向に添うものとなった（朝日新聞百年史編集委員会一九九一）。さらに、戦時中には日本の国策を紹介し、称揚する博覧会や展示会が多数開催され、国策映画や国策のラジオ番組も多数製作された。これらも「メディア」であり、広告である。

また支那事変以後、新たな種類のメディアが作られた。たとえば、国内の日本人に向けては一九三八年二月一六日号から始まる週刊報道雑誌『写真週報』、国外に向けては一九四二年からの雑誌『ＦＲＯＮＴ』がその一部である。

本書が注目する『写真週報』は、この内閣情報部によって創刊され、その後、情報局の第四部第二課によって発行されたプロパガンダ週刊誌である。『写真週報』は一九三八年二月一六日号から始まり、一九四五年七月一一日号まで合計七年五ヶ月、刊行され続けた。一九三七年からの日中戦争から七ヶ月を経て、国民の戦争への士気を高める必要があった。また本誌の創刊時は、その年の四月より国家総動員法の公布を待つ時期に当たり、人的および物的資源を統制運用するため、国民の団結力を作る必要があった。このような社会的背景の中で、『写真週報』はスタートしたのだった（保阪二〇一一）。価格は一〇銭と安価で、毎号A４判、二〇ページから成った。

一九三八年度には一万八〇〇〇部程度だった発行部数は一九四一年には二五万部になった。そして太平洋戦争下での発行部数は三〇万前後だと考えられる（清水二〇〇八）。読み終わったらすぐに他の人に譲るように促すこの雑誌は、地域、学校、そして職域単位で購読されており、一冊あたり一〇人強が目を通したと考えられている（清水二〇〇八）。視覚イメージを多用し集団で講読されることで国民を啓発した。

『ＦＲＯＮＴ』は東方社が出版していたが、これは参謀本部直属の団体であり、『ＦＲＯＮＴ』は全部数軍部が買い取り、東南アジアの支配地やドイツに輸送されていた（柏木二〇〇〇）。報道写真雑誌の『アサヒグラフ』（朝日新聞社が一九二三年に創刊）や『ＮＩＰＰＯＮ』（国際文化振興会が一九三四年に創刊）は、政府からは独立した組織によって作られた雑誌だが、政府を支えるための視覚情報を発信するプロパガンダ雑誌となった。

本書はこの『写真週報』のほか、一九二三年に誕生した日本初のグラフ誌『アサヒグラフ』、

『朝日新聞』の記事を使いながら七〇年以上前の戦争の視覚イメージと物質文化を検討する。戦時中のメディア研究はすでに多くなされている。『写真週報』については、すでに玉井清編『戦時日本の国民意識―国策グラフ誌『写真週報』とその時代』が雑誌に掲載された写真を豊富に用いて、戦時中の食糧問題、模範的国民生活、防空、労働、健民運動、学校生活などがどのように統制されたのか明らかにしている。本書は視覚イメージを取り巻く社会的制度だけでなく、視覚イメージそのものの画面構成や空間構成も仔細に検討したい。制度や権力に視覚イメージを完全に還元することはできないからだ。

こうした情報の統制を行ったのは一九三六年七月に誕生した内閣情報委員会である。翌三七年にはこの委員会は「内閣情報部」に改組され、各省庁情報委機関に関する連絡調整機関という当初の職務のほかに、情報収集や宣伝活動が加えられた。一九四〇年一二月、新体制運動を提唱する第二次近衛内閣によって国民的な世論形成を図る目的で情報局が創設された（柴岡二〇〇七：白山二〇一四）。とりわけ出版業界については、一九四〇年五月に内閣情報部所管として「新聞雑誌用紙統制委員会」が設置されると、新聞社や出版社へ印刷用紙の割り当てと配給統制を行ったことは、日本におけるプロパガンダを考える上で重要である。委員会は用紙配給を通して新聞、雑誌の記事内容に介入し、言論統制を図ったのだ。

視覚文化、物質文化からみた戦争

デザイン評論家の柏木博が『ＦＲＯＮＴ』を分析しながら強調するのは、この雑誌がクローズアップの多用、遠近法の画面構成を通して大衆のまなざしを支配し、それによって「ありうべき戦争のイメージ」（二〇〇〇：七一頁）を見せようとしていることである。その視覚的に操作されたグラフィズムは言葉を超えており、だからこそ大衆の心と目を捉《とら》えたのだろう。

言葉を超えた力を持つビジュアルとはとても重要な指摘である。よく考えてみると、言葉であれこれ指示されたり教えられたり、あるいは本や新聞などに書かれたものを読んだりすることよりも、映像や画像、展示などの視覚情報は私たちの情報収集においてはるかに大きな影響力を持っている。このことは書かれたものの意味や価値が劣っているということではない。一見して分かることは、じっくり本を読んで理解することよりも、即時的であり、その人の感情を左右する効果を強く持っているということである。先の柏木博の『ＦＲＯＮＴ』の分析が私にとって非常に興味深いのは、それが戦時中のメディア統制の歴史に注目しているのでも、あるいはメディアにおける大衆操作の言葉を検討しているのでもなく、徹底して視覚イメージそのものに焦点を合わせ、それによりその雑誌がどのような効果を当時の大衆に与えたのかを論じているからである。

視覚的イメージは私たちのものの見方を反映するばかりでなく、私たちのものの見方を形づくる。それは決して目新しいものばかりでなく、私たちの見知ったものをアレンジし直す場合もある。先に述べたようにメディアは新しい理解の枠組みを提供する。視覚イメージも同じである。

本書では視覚《ヴィジュアル》イメージという言葉を用いる。これは私たちの視覚《ヴィジョン》で捉えられる画像《イメージ》すなわち絵や写真、そして映像を指している。しかし、私たちがイメージという言葉を日本語環境で用いるときには、そこに「想像」の意味も加えられる。視覚的イメージは画像や映像だけでなく、それによって導かれたり誘発されたりする想像の仕方まで含むものとして本書では用いている。なぜなら、視覚的なイメージは読み物だからである。見ることとはある種の読むことであり、そして見られるものは特定の目的で編み上げられた物語だ。

こうした物語を作り上げていく幅広い社会制度の中に視覚的イメージが埋め込まれていることは、「視覚文化」という言葉で説明することもできるだろう。視覚文化は時代を超える。たとえば、現代と第一次世界大戦における視覚イメージを考えてみよう。二〇一四年五月、安倍晋三内閣総理大臣が集団的自衛権の必要性を記者会見で説明した。分かりやすい丁寧な説明のために用いられたのが、「邦人輸送中の米輸送艦の防護」のイラストである。紛争が起きた外国に住む日本人が米艦によって保護される。しかしその米艦が攻撃されたときに、日本が集団的自衛権を行使できないとなると、大切な日本人を救ってくれた米艦を見殺しにすることになってしまうというのが要点だった。本当に米艦が日本人を保護するのか、集団的自衛権でなければならないのか、といったさまざまな疑念はとりあえず脇に置いておくとして、注目したいのはそのイラストの内容である。赤ん坊を抱えて別の幼子を連れる母親のイラスト。何も知ら

「邦人輸送艦の防護」事例を説明する安倍首相（毎日新聞社／アフロ）

ない赤ん坊は無邪気に微笑んでいるが、少女とおぼしき子どもは後ろから母親に抱きついている。母親は視線を外しており、力のなさを印象づけている。安倍首相はこの母子のイラストを特に大きくするように指示したと聞く。それはこのイラストが持つ、国民に訴えかける力を認識していたのだろう。

このイラストが描かれた二〇一四年からちょうど一〇〇年前の一九一四年、イギリスでは同じく、赤ん坊を抱き、別の幼子の手を引く母親のポスターが印刷された。上部には「ベルギーを忘れるな」と書かれ、その下にドイツ軍によって村が焼かれ不安げな表情で逃げて来る母子、そして中央にはイギリス軍兵士が描かれ、下部に「今日、入隊せよ」とある。この年、ヨーロッパでは第一次世界大戦が勃発した。世界史上初の近代戦では、各国で国民に戦争の正当性を

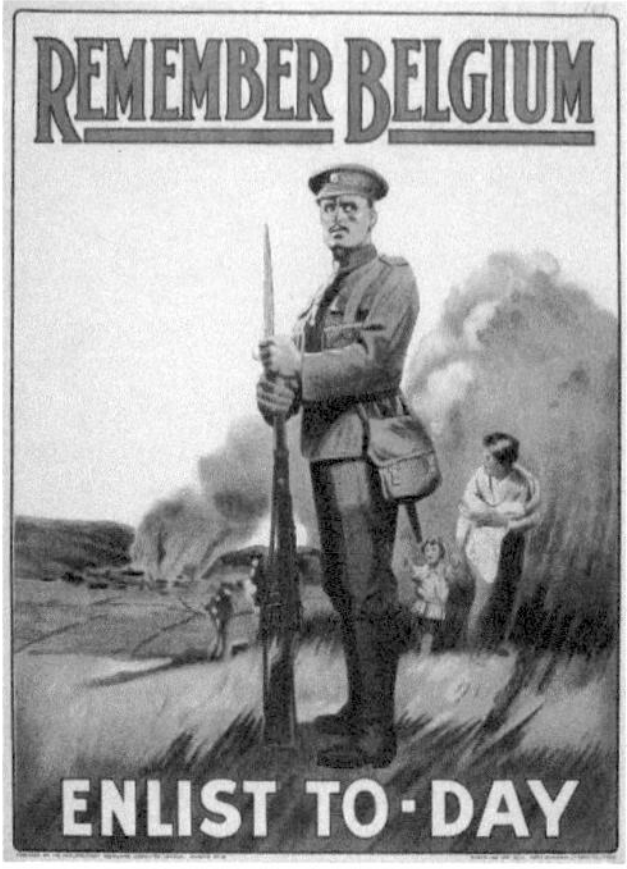

1914年のイギリス軍のポスター

訴えかけるためのポスターが印刷された。当時のポスターのほとんどは戦地を描かなかったことを考えれば、このポスターはとても珍しい。ともあれ、この時期までにポスターは、もっとも有効な広告手段の一つと認知されていたのである。

一〇〇年をまたぐ二つのポスターは、ともに同じテーマを持っている。すなわち弱い女性と子ども、それを守る男性である。そして守ることとは、戦うことにまで引き延ばされる。それは、私たちの「常識」がこの一〇〇年、ほとんど変化しなかったことを意味しているのかも知れない。しかしそれ以上に重要なことは、これらの視覚イメージが特定の目的で作られた視覚的な物語であることであろう。しかもそれは特定の政治的な背景の中で、特定の主張を理解するための枠組みを提供している。

このような視覚文化を検討することは、私たちの目に映っているもの、視覚が決して生理学的なものではなく、社会的なものであるということに気づかせる。美術批評家のハル・フォスターは社会的事実として形成される視覚を視覚性《ヴィジュアリティ》と呼び、次のように記している。

どのようにものが見えるのか、どのように見ることが可能になり、許され、強いられるのか、そのなかでどうしたら見る行為そのものや不可視なものをとらえられるのか（フォスター二〇〇七：一一頁）

ものの見方、見え方には、本来なら属性や立場などに応じて社会的な差異が存在する。しかしある特定の決まり事、彼の言葉で言うなら「視の制度《スコピック・レジーム》」が特定の言葉などでそれを排除しようとする。すなわち、われわれが見ているものは決して自明のものではなく、特定の制度の中で、何をどのように見るのか（どこに焦点を当て、どこが拡大され強調されているのか、どこがどのように隠され、矮小化《わいしょうか》されているのか）が調整されているのである。視覚文化、視の制度はさまざまな社会的諸力、すなわち経済的、政治的な力が交叉《こうさ》しながらときに言葉を通して作られる。視覚性を作り出し調整する制度と権力、「文化」によって視覚が作り出される過程を問う必要がある（Mirzoeff 2009 : 5）。

人間の目に映じるものは、その人の見たいと思っている、あるいはその人に見せたいと思っている事物である。特定の物の見方を可視化するために、事物が選ばれ、配置され、あるいは作り出される。事物は視覚的なものに実体を与える。それにより特定の幻想が真実の物語となる。写真や絵画などの視覚イメージはまさに社会的な織物であり、社会的な物質なのである。その意味で、視覚文化と物質文化はその問いかけに共通性を持っている。たとえば、視覚性と権力との結びつきを解きほぐすアメリカの美術史家ティモシー・ミッチェルは、植民地支配とその秩序が、植民地博覧会を介して正当化され、強化されていくことを論じている。博覧会で展示すべき事物が選ばれ、配置され、そして見せられる（ミッチェル二〇一四）。それぞれの事物は決して価値中立ではなく、それが展示されるに至るまでには取捨選択が行われるのである。

この視覚性、視覚文化は見えるものと見えないものを作り出すだけでなく、社会的差異を再生産する。イギリスの地理学者のジリアン・ローズは「たとえば見られうるもの、見られえないもの、見えないまま残されているもの、特定の展示戦略によって見えなくされているもの、見えているものを解釈できたりできなかったりする人たちのまわりに、差異を創り出す」（Rose 2003：213）のだと記す。視覚的イメージには展示や遺産も含まれる。これらは不可視の過去を視覚化するのである。近年の遺産研究や博物館研究では展示という視覚メディアによって過去や遠く離れた場所の文化が再現され、それによって国民の一体感や他者との差異が再生産されることが論じられている（Smith 2006；Kirshenblatt-Gimblett 1998）。視覚的イメージがどう創られてきたのかというだけでなく、それが何をしているのかという側面に注意すると、それが理解の枠組みを作り出したり、人間の感情を刺激したりすることが分かってくるのである。ここでメディア研究でスチュアート・ホールらが明らかにしたこと、視覚性への問いは交叉するのである。

もちろん、視覚イメージや物質が社会的な物語であるといっても、それを見たり触ったりする人の立場、属性、思想に応じて多様な読み取り方が可能である。それを作った人の思惑とは正反対の意味を見いだす人もいるだろう。視覚文化、物質文化は、「視覚イメージ」や「物質」と「言葉」から成る。視覚イメージや事物に付されたキャプションや説明文が読者を特定の読みへと導く。したがって、言葉と物の結びつきも検討することで、視覚文化や物質文化の理解はより深まる。とりわけ、報道写真は写真が主、言葉が従であるが、あたかも客観的な事実であるような写真は特定の目的で撮影されたものであり、そこに付された言葉が撮影者や編集者の意図を伝えるのである。本書が扱う『写真週報』は、表紙が写真と強いメッセージを持つ一文から成り、その表紙を開くと「時の立札《たてふだ》」というさらに強いメッセージの文章が置かれていた。写真群と「時の立札」が読者を誘導するのである。

すでに述べたように、戦時中には自らの正当性を主張し、敵を悪魔化するため、あるいは国民の一体性を高めるためにさまざまなメディアが作り出されてきた。博覧会や博物館の展示、映画、雑誌、ラジオ、テレビ、インターネット、ＳＮＳは特定の物語と視覚イメージを運ぶのである。重要なのはこうしたプロパガンダ的メディアの多くが戦士に対してではなく、「銃後」と呼ばれる直接は戦争に参加していない一般国民に向けてのものであるということである。この銃後の国民に向けて自国の正当性と他国の非正当性が強調される。また、獲得される領土の地図などの戦争における快進撃、悲劇的な死の視覚化は日本国民としての誇りを掻《か》き立て、国民アイデンティティを強化する。さらに命をかけて戦う兵士の情報や視覚イメージは銃後の国民道徳を規律化する。すなわち命を捨てて戦う兵士に申し訳の立たない堕落した銃後の生活はけしからんということである。時代が変わっても伝えられる意味は驚くほど類似している。言葉、物質、視覚イメージがどのように結びつけられ、人びとの誇り、愛、恐怖、嫌悪といった感情が生成されていくのか。「感性的なものの分配《パルタージュ》」（ランシエール　二〇〇九）を解きほぐしながら、「聖戦」の物語をつまびらかにしていこう。

続く章では戦時中と二一世紀における雑誌、映画、博覧会、博物館展示を取り上げ、視覚文化・物質文化としての聖戦を考えてみたい。

第一章　戦争の始まり

一　太平洋戦争の「聖戦」化

「聖戦」とは

一九三四年に関東軍歩兵第四十七連隊が刊行した『聖戦　思ひ出の記』の中に、第六師団長が第六師団将兵に対して一九三三年二月一五日に出した訓示が掲載されている。そこには「支那軍」が満州国の領土にたびたび侵入を繰り返しているため、「正義ノ鉄槌《てっつい》ヲ兇徒《きょうと》匪賊《ひぞく》ノ頭上ニ加ヘ平和ノ大業ヲ完成」させる必要が説かれた上で、次のような文言が置かれてある。

聖戦ニ従フ崇高ナル信念ニ終始シ仮令《たとい》飢餓ニ瀕《ひん》スルモ秋毫《しゅうごう》モ敢《あえ》テ犯サス（中略）正義ヲ貫キ東洋平和ノ基礎ヲ確立スル大業ニ貢献シ以《もっ》テ上　皇恩ニ酬《むく》ヒ奉リ下万民ノ期待ニ副《そ》ハンコトヲ望ム（歩兵第四十七連隊、頁はなし）

聖戦とは宗教的な信仰に支えられた正義の戦いである。実際、一九三〇年代初頭までに日本で出版された書籍では、神話における「聖戦」、キリスト教における「聖戦」という意味でこの語は用いられていた。満州を守り、平和を成就するための正義の戦いというだけでは「聖戦」にはならない。ではどのような信仰が戦闘を「聖戦」たらしめたのだろうか。

『聖戦　思ひ出の記』に掲載された、今度は関東軍連隊長が将兵に対して垂れた訓示を見てみたい。連隊長は兵士たちを守るいくつかの「神」を挙げている。すなわち、「郷土ノ信神」「天佑神」「神」そして「神皇」である。ここには次のような前提がある。皇室の天皇は神であり、天皇が統べ治める皇国は神の国であり、そのために命を捧《ささ》げて戦う兵士は「皇軍神兵」である、そして「西洋人ニハ此《こ》ノ神ノ御加護ト云フコトカ迷信ト考ヘテ居ル」のであり、日本人だけがそれを感得することができる、ということである。

このようにして日本が皇室のために戦う戦争は「聖戦」となった。それは正義の戦争、そして国家のための戦争だった。この概念は一九三一年の満州事変以降、次第に用いられるようになり、一九三七年の日中戦争を経て、一九四一年の大東亜戦争開戦以降、自明のものとして用いられるようになっていく。たとえば、一九三七年一〇月に永井柳太郎《りゅうたろう》逓信《ていしん》大臣が行った講演会では欧米列強からの独立による東洋平和を目指すアジアの中にあり、今なお列強に従属するばかりでなく抗日の姿勢をとり続ける「支那の支配階級」（内閣情報部一九三七：三頁）をはじめとする南京政府に鉄槌を振り落とし、支那を解放するという「動機の公明正大」（二頁）な戦いを「聖戦」と表現している。それは「実に建国の大理想である八紘一宇《はっこういちう》、人類親和の新たなる世界を実現する」（二一頁）と主張するのである。

ここには神聖なる日本と無知で恥辱の中国が対置されている。無知で恥辱というのは「敵性第三勢力」に操られているからである（大日本興亜同盟一九四二：二四頁）。それが米英である。もちろん両国は「世界に並びなき大国」（二四頁）で、日本のような島国が比肩しうるようなものではない。しかしこれまで日本は「神がかり」（前掲、二四頁）で難敵を倒してきた。聖戦である「大東亜戦最後の勝利は必ず約束され」、「必勝の信念」があれば「大東亜共栄圏建設の途《みち》はたちまち開け、いかなる難局といへども、わが行手を遮り得ない」（二八頁）のである。

新秩序と躍進するドイツ

では、その聖戦の概念はどのような視覚的イメージで表現されたのだろうか。

一九四〇年七月、日本政府は「大東亜新秩序」の建設を「基本国策要綱」として決定した。新秩序は旧秩序の駆逐によって完遂される。旧秩序は英米によるアジアの支配であり、それを駆逐することで「大東亜共栄圏」が樹立される（徳富一九四二）。

重要なのは、ここで掲げられる新秩序という題目が、ドイツの躍進と関係していることである。そのドイツを含む日独伊三国間条約が締結され、いわゆる日独伊三国同盟が築かれたのが

1939年『アサヒグラフ』臨時増刊号

大東亜新秩序発表の二ヶ月後、一九四〇年九月である。ドイツの躍進は日本において積極的に喧伝《けんでん》されていた。たとえば、一九三九年に『アサヒグラフ』は臨時増刊号「警報下の世界」を発行した。表紙はオーストリアに進軍するドイツ軍。風雲急を告げるヨーロッパ情勢と、それによって作られる新しい世界秩序の足音をこの写真は告げ象徴的に知らせている。実際、表紙を開いてすぐにはスペイン、イタリア、ドイツの勢力図を赤色で示すヨーロッパの地図が置かれた。この新秩序の現況を告げることがこの臨時増刊号の目的であり、雑誌の「はしがき」には次のように記している。

旧き均衡に立て籠《こも》らんとする世界の旧勢力を排除してアフリカに、アジアに、アメリカに新しき秩序は進展する。現状維持の旧殻を破つて萌出《もえい》でんとするものの前に行く手を阻まんとする再軍備の歯車が不気味な軋音《あつおん》をたてゝ逼迫《ひつぱく》した情勢を嫌《（マヽ）》が上にも緊張させる。東欧に伸びんとするドイツの一撃は全欧の天地を震撼《しんかん》せしめ、ムソリニ伊首相は次の舞台に主役たるべく花道にさしかゝつてゐる。破局は果して何《いず》れの一画から示現されるか。

敢えて本社が此の一本を世の識者に捧げんとするのも、正に暴風警報下に立つ此の世界の真相を解剖報道し、猛然として襲来しつゝある未曾有《みぞう》の嵐の前に、皇国日本の真の地位を再認識、再検討して、その力強く飛躍に資せんがために外ならない。

この新しき世界秩序の中で日本が取るべき立場は、日独伊防共協定に則《のっと》りドイツやイタリアの側である。

臨時増刊号は一九三八年の主役をヒットラーとし、翌三九年はムッソリーニになるだろうと紹介する。一ページに置かれたヒットラーの写真は遠くを見つめ、口を真一文字に結び、力強さを強調している。それはこの新体制の盟主たる威厳の演出でもある。キャプションには「一九三八年の欧州政局は悉《ことごと》くがドイツ中心に動いて来たといつても過言ではない。ナチス結党以来二十年に満たずして鉤《かぎ》十字は偉大なる力を現はし、春にはオーストリアを、秋にはチエコをと二回に亙《わた》つて欧州の地図を塗り換へてゐる」とある。その欧州の地図は先に紹介した通りである。

続くページは、このヒットラーを主役としてヨーロッパで生じた出来事が時系列で並ぶ。大ドイツによるオーストリア合併を告げる「嵐の如くオーストリアへ」、「感激のウィーン」から、チェコ内でドイツ人が多く住んでいたズデーテン地方の獲得をめぐってドイツとイギリスの間で繰り広げられた折衝とミュンヘン会議、ズデーテンへの進駐と、慌てて軍拡をすすめるイギ

『アサヒグラフ』臨時増刊号の「一九三八年の主役」

リスとフランスの様子などが伝えられていく。見開き二ページで一つのトピックを紹介していくとき、文字情報よりも写真が効果的に用いられていることを強調しておこう。それはドイツ、それを指揮するヒットラーの強大さを印象づける。

ヒットラー、そしてドイツの威厳は肖像写真のほかに、三つの方法でさらに演出されている。第一に、圧倒的な熱狂でもってドイツ国民のみならず侵略先の市民に迎えられる写真が挙げられる。国境、インスブルック、ウィーンなどでの熱烈的な歓迎は、この新体制が望まれて成し遂げられたものであることを強く印象づける。とりわけ、ミュンヘン会議後に帰国したヒットラーを迎える圧倒的な民衆の写真は、ドイツ国民の一体性をはっきりと視覚化している。写真右下に右手を挙げるヒットラー。下方から撮影されることで、上方に立つ彼の威厳が演出されている。そしてそのヒットラーに向かってナチス的敬礼をする塊としての大衆の写真に付されたタイトルは「此の熱狂」である。第二には圧倒的な軍事力を従える視覚イメージが挙げられる。式典にずらりと整列する突撃隊、ニュルンベルクの戦車隊の大行進、強大な戦艦、そして「欧州を睥睨《へいげい》するドイツの翼」である戦闘機などが紹介されている。第三には、このドイツの快進撃に圧倒されるイギリスとフランスの

ウィーン市民の熱烈な歓迎

『アサヒグラフ』臨時増刊号の「此の熱狂」は
人びとの熱狂的支持を示す

様子を伝える写真が挙げられる。ズデーテン問題の折衝では、悲壮な表情のチェンバレン首相の写真が掲載されている。それは新たな勢力に圧倒される旧帝国の弱さを伝える。「周章《あわ》てるフランス」「防空に狂奔するイギリス」という記事のタイトルは、予想外の快進撃におののく両国を強調している。両国はただ受動的に「防ぐ」「守る」国力しか持たないことが暗示されているのである。それは新体制が倒すべき、機能不全に陥った旧体制を象徴する。

同盟国の強大さ

こうして躍進するドイツのほか、新しい秩序を作り出している国として、スペインとイタリアが肯定的に紹介されている。ヒットラーの躍進を告げる記事群の次に置かれるのが、「スペインはフランコ将軍に」「新スペインの誕生」といったスペインにおけるフランコ将軍によるスペイン統一に関するものである。満面の笑みを浮かべるフランコ将軍の左下には無残に爆撃されたバルセロナの写真。次のページには、スペイン内戦勃発《ぼつぱつ》からバルセロナ陥落に至る勢力地図があり、バルセロナ陥落後に国境を越えて逃げた人びとの乗り捨てた車、没収された人民戦線軍の小銃の写真の下にはバルセロナへ入場するフランコ軍の写真が置かれている。

フランコはドイツとイタリアから支援を受けた。その理由は、政治的なスタンスの近さのほか、フランコと戦った人民戦線には共和主義者、無政府主義者のほか共産主義者がいたため、「防共」する必要があったからでもある。そのスペインは第二次世界大戦中には中立を保つが、一九三九年三月に日独伊防共協定に加入し、その後、国際連盟からも脱退するなど、枢軸国に近い歩みを見せた。「バルセロナ陥落にローマ湧く」という記事は、バルセロナ陥落の報を受け、ヴェネチア宮殿前に押し寄せて歓喜の声を上げるイタリアの群衆と、それを上から見下ろすムッソリーニの合成写真を掲載している。それもまた、イタリア国民の一体性、全体性の演出なのである。

日本の同盟国であるイタリアをもう少し見ておこう。

「主役の登場を待つ一九三九年」と題された写真には一段高い舞台に立ち、腰に手をやり演説するムッソリーニが写っている。それは一九三九年の主役は彼であることを強く印象づける。キャプションには次のように記してある。

> 今回中欧に於ける新事態の発展は独伊枢軸を一層強固にし、完全に英仏両国の中欧に於ける勢力を撃墜したのである。一九三八年をヒトラー総統の年として送つた欧州は、再びヒトラー総統の電光石火の行動によつて活気を呈して来た。後顧の憂いをなくした独伊枢軸は、今後英仏両国の弱体暴露に乗じてその外交的主力を地中海方面に集中するに至るであらう。
>
> 既にムソリニ首相の活躍を予約する舞台装置も成り、今や主役の登場を待つばかりである（九六頁）

『アサヒグラフ』臨時増刊号に掲載されたムッソリーニ

ヒトラーの功績を称《たた》えつつ、イギリスとフランスの凋落《ちょうらく》を強調し、さらにムッソリーニの躍進を予言する。

「拡充する伊海軍」という記事では、右下に右手を挙げ、左手に双眼鏡を持つムッソリーニ、その横に一列で海上を進むイタリア海軍軍艦、そして左上には狙いを定める大砲の写真が掲載されている。これは意図的に事物を並べた合成写真である。すなわち、同一の軍艦を一列に並べることで、押し寄せる波をものともせずまっすぐに進水する勢いを演出し、狙いを定める大砲は軍事力を演出している。右横のムッソリーニはそれを司令する統帥権を示す。キャプションはイタリアが「西部地中海に於て少なからざる優位」を持ち、「地中海を制圧するイタリー海軍はその波浪の高きを欲するや否や」（五七頁）と結んでいる。

新たな世界秩序の演出

ヨーロッパの新たな秩序は、共産主義との戦いであると同時に、「民主主義と全体主義の対立」でもある。言うまでもなく、前者はソ連との戦いであり、後者はドイツとイタリア、そし

イタリア海軍の軍事力を示す合成写真

て日本は全体主義、それに対するアメリカ、イギリス、フランスが民主主義である。

日本において全体主義は、「国民は国家に奉仕すると共に、国家によつて生活の安定を得なければならないのである。これを全体主義と名付ける。全体主義は国家のあらゆる施設が同一のイデオロギーによつて統合せられることを要求する」（藤原一九三八：五四頁）と端的に要約される。民主主義は西洋的個人主義と同一視され、「こんにち自由主義ではもはや国家の発展どころか、その存在を維持することさへ出来ぬ時代となつたのである。従つて愛国心そのものについては昔も今も毫も変りはないけれども、それを表現すべき方法が自由主義的、個人主義的なものでは役に立たなくなつてしまつた。だから自由主義的な愛国心は、もはや実際には愛国心として通用しなくなつたのである」（吉田一九四一：三一頁）と、民主主義の価値喪失が説かれていたのである。
　民主主義の無残な衰退を、この臨時特集号は旧バルセロナの陥落と、平和的解決に奔走する旧大国イギリスのチェンバレン首相の写真で表現する。先に述べたように、共和主義者を含む人民戦線の撃退は民主主義に対する全体主義の勝利であり、またズデーテン問題の平和的解決のため悲壮な表情で交渉するチェンバレン英国首相は、もはや台頭する力を押しとどめる力を失ったイギリスとフランスの凋落を表象するのである。

英国首相チェンバレンの写真。表情は硬い

　写真ではないが、臨時増刊号に掲載された「嵐に揺ぐ老大国イギリス」という文章を見ておこう。文章は次のように書き始められる。

　今や世界は警報下に立つてゐる。この世界的警報下で、最も大きな不安に包まれてゐるのは、世界的版図たる英帝国を控へて立つ英国である。何となれば、英国は世界における最も大きな喬木《きょうぼく》だからである。世界に上つた警報は、そのまゝ英帝国に対する警報だといふことが出来る。

今日の新しい世界的大勢を醸成した発端は、いふまでもなく一九三一年の満州事変である。この時初めて英国外交は、世界的に鼎《かなえ》の軽重を問はれ、更にその後に来る独伊両国の進出、英国が拠《よ》つて以《もつ》て立つヴェルサイユ体制、安全保障体制の崩壊の遠因を作つたのである（一八八頁）

ここには、一九三〇年代における旧体制の崩壊がすなわちイギリスの衰退であることがはっきりと記されている。次のページには「世界に跨《またが》る大英帝国」という、イギリス本国とその植民地を示す地図が置かれている。これもまた、旧体制であり脅威にさらされていることがほのめかされる。その凋落は後に融和外交と揶揄《やゆ》されるチェンバレン首相の「現実外交」、「鎮撫《ちんぶ》か戦争か」（一八九頁）に表れている。この「第三国の犠牲に於ても全体主義国との妥協を取付けんとし、他方でその間に再軍備に拍車をかけ、英国の軍事的優越を実現せんとする政策」（一九二頁）は、ウィンストン・チャーチルなど主戦派からの激しい突き上げにあっている。「結局は戦争への途を歩むものに外ならない」（一九二頁）この態度は、「英国の軍事的劣勢」に裏打ちされている。そしてイギリスの軍事力の分析と再軍備の状況がこのあとに紹介されていく。

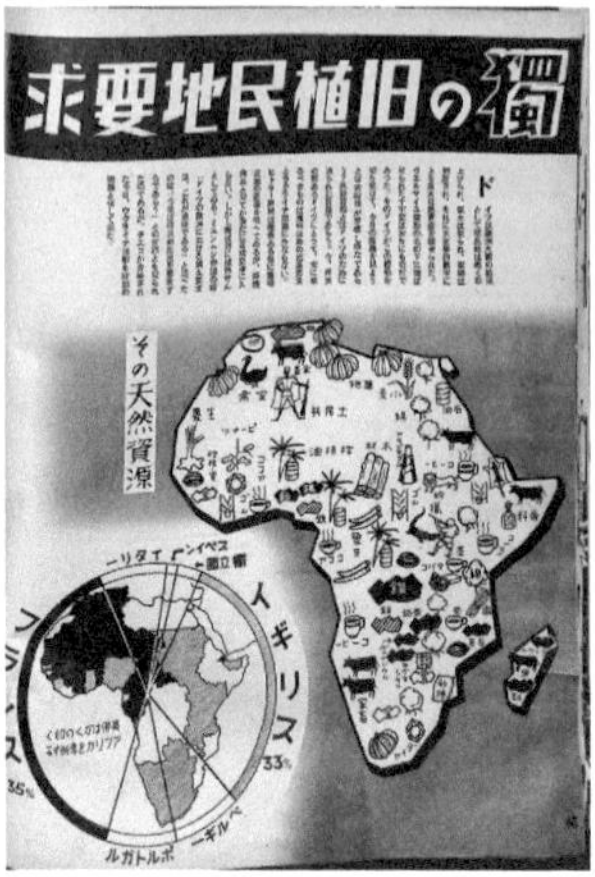

ドイツの旧植民地要求の
正当性を訴える地図

このようなイギリスの戦力の劣勢とその再軍備は、香港やシンガポールにおける軍事力として日本にとっても重要な情報である。

新体制の正当性

新体制の躍進は「『持たない』国の正当な理論」として正当化されている。というのも、第一次世界大戦の敗戦とその後のヴェルサイユ条約によって植民地を失うとともに莫大《ばくだい》な賠償金を支払うことになったドイツ、三国干渉などで大陸支配に遅れを取る日本のような「その過去に於て、幾多の不公平、不正義の犠牲」となった国々は、「進んで、これらの不公平、不正義を打倒して、正しい世界、新しい秩序の建設、換言すれば住みよい天地の開拓のために自然に相倚《よ》り相扶《たす》ける形成を醸成する」（一一一頁）からである。過去に被った不正義を清算するために、現在の新体制の進展は正当化される。過去になぜ不公平を被ったのか、あるいは不正義を打倒することが、被支配国の利益になるのかどうかは問われることがない。

「ドイツは欧州大戦の結果として植民地は悉く取上げられ、領土は削られ、軍備は制限され、それに天文学的数字に上る莫大な賠償金を科せられた」（六八頁）。そのドイツが被る不公平は、

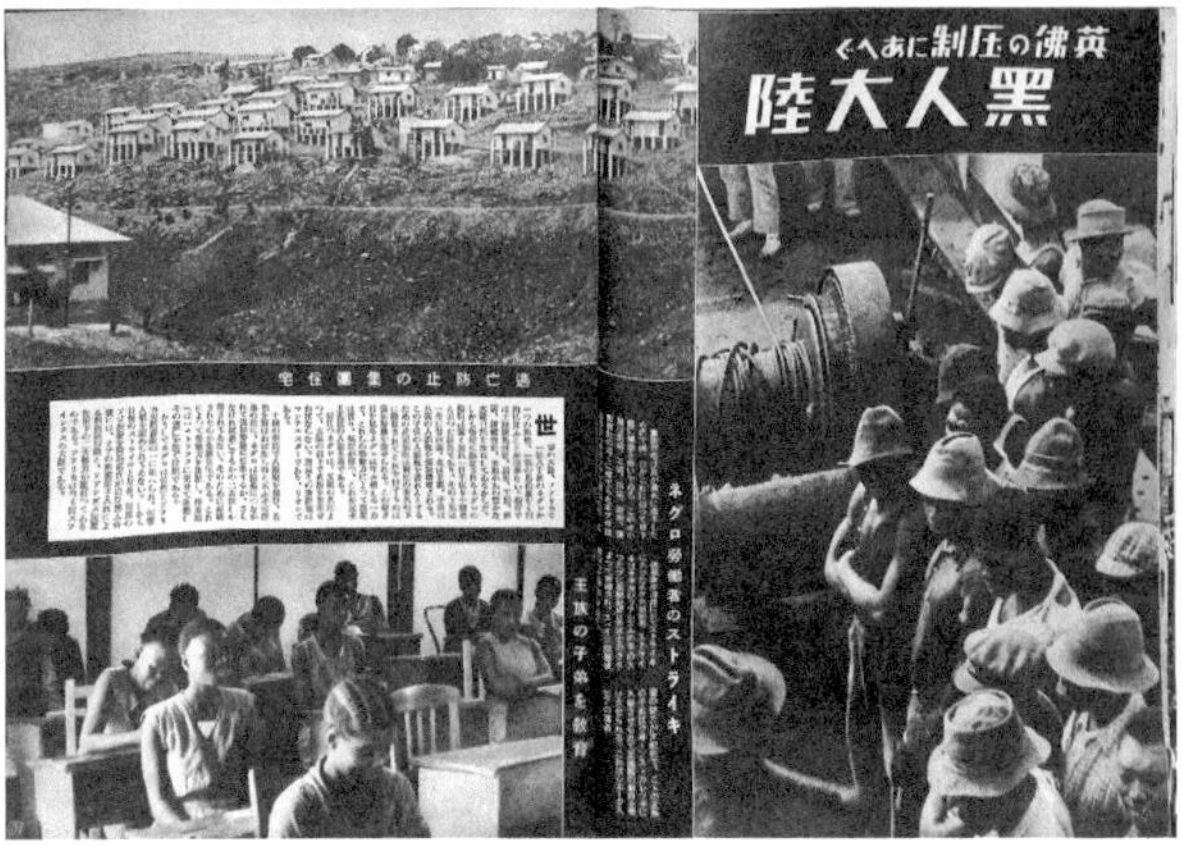

イギリス、フランスの不正義を示す写真と言葉

アフリカ大陸の地図で視覚化されている。銅、ゴム、材木、ココア、香料、鉱物といった豊富な天然資源が散らばるアフリカ大陸。その大陸内に持っていた植民地は「取上げられ」、今ではアフリカの三三パーセントをイギリス、三五パーセントをフランスが支配する図が置かれる。「ヒトラー総統は機会ある毎に旧植民地の返還を唱へてゐるが、時期尚早と見てか未《いま》だに正式交渉に入らない。しかし機は将《まさ》に成熟せんとしてゐる」（六八頁）のである。

イギリスとフランスの不正義は、彼らのアフリカ大陸支配様式の不正義として写真と共に説明されてもいる。「英仏の圧制にあへぐ黒人大陸」という記事では、新体制の正当性が謳《うた》われる。安価な労働賃金で働かされる「ネグロ」にはさらに人頭税が課せられ、産児制限も禁止される。増える労働人口によって「農場は実り、病院が建つ、これが民主主義国の人道主義である」（六七頁）。逃亡を防ぐために集団住宅が作られる。「かうしてネグロは公然とアフリカ天然資源の一に加へられ、何等人格を認められてゐない」（六七頁）。逃亡防止の集団住宅とストライキの写真は、民主主義の不正義を読者に印象づけ、そのような不正義を打破するものとして、ドイツの新秩序の正当性を支えている。

二　聖戦を展示する

戦地を知る

日本はこのヨーロッパにおける新秩序の動きに、自らの対アジアの政治活動を重ね合わせた。すでに一九三一年の満州事変とその後の国際連盟脱退は、旧秩序への日本の不調和をはっきりと示していた。そして欧米列強のアジアでの経済的利権を瓦解《がかい》させることは喫緊の課題でもあった。つまり、新たな秩序を作り出すことはドイツやイタリアと同様に日本にとっても重要な問題だったのである。その中で、一九三七年にアジアと中国の解放という名目の日中戦争が始まった。日本では支那事変と呼ばれるこの戦争は、解放するはずの同一のアジア国家である中国と戦うため、大義と正義が見いだしがたい戦いだった。その矛盾を覆い隠すために、またその正当性を訴えかけるために「聖戦」の物質的展示が行われたのである。

支那事変勃発の翌年に当たる一九三八年、大阪朝日新聞社が陸軍省と海軍省を後援にして開催した支那事変聖戦博覧会は、その中で最大のものである。会期は四月一日から六月一四日までで、毎日、午前八時から午後五時まで開場していた。入場料は大人が五〇銭、子どもが二五銭、軍人・学生・生徒が三〇銭であり、来場者は一五〇万人を超えたと公表されている。

会場となったのは兵庫県西宮市にある阪急西宮球場とその外園である。聖戦博覧会の栞《しおり》には、「本博覧会会場はこの会場（注：西宮球場）の特異性を最も有効に生かしあらゆる斬新かつ有機的方法を以て今回の事変の全貌《ぜんぼう》を如実に描き」とある。支那事変の戦場の様子を会場で再現することで、来訪者は戦地の様子を一望して理解できるようになっていたのである。具体的に栞の図から会場内の配置を見ておこう。

最寄り駅の阪急西宮北口を降り、ラマ塔と正陽橋を左に見ながら南京市政府楼門をくぐると、外園のアトラクションへと到着する。外園には子どもが飽きないように、子供体育場が用意され、そこには映画演芸館のほか、軍機義勇号の実演、飛行塔、パラシュート、潜水鏡などが置かれている。ただし栞はまず一番奥にある靖国《やすくに》神社遥拝《ようはい》所へ足を運ぶよう告げる。靖国神社をはるかに望むはずのこの拝所は、日本の聖戦の大義を物質的に支えている。

「防共道路」を通って遥拝所まで行くと、スタジアムの本館入り口が目に入る。本館は五階まであり、各階には次のような展示が用意されていた。

一階　食堂、売店、事務所

二階　戦況の全貌（朝日新聞特派員が撮影した写真や戦況の解説、作戦の図解）、輝く武勲（軍事美談や遺品）、戦利品（日本軍が鹵獲《ろかく》した中国軍の飛行機、戦車、大砲などの展示）

三階　空軍の活躍を示す資料（飛行機および部品）の陳列、飛行機の模型展示、操縦法の解説）、現代兵器（日本軍の新鋭兵器）、堂々百間の大パノラマ

四階　日本と列強（国際情勢、思想戦、世界防共の実情など）、資源愛護（新たな資源開発および廃物利用の再生品などの展示）、日本精神宣揚（尽忠報国の精神、敬神崇祖の美風、国民精神総動員、銃後の赤誠などに関する資料展示）

五階　支那の真相（蔣《しょう》政権、北支政権、中国の資源、風物など中国の過去、現在を示す資料展示）

ここには日本、中国、欧米列強の三つの主体が展示されている。展示品は物の形と存在感、そしてパノラマの視覚的装置を通して、日本と、中国や欧米列強との差を示す。すなわち、最新の兵器、崇高な精神、武勲を持つ日本、豊富な資源を持ちながらも大事な武器を置いて逃げる弱い中国、そしてその中国の後ろで糸を引く卑怯《ひきょう》な欧米列強である。

本館の外側では広大な敷地を用いた圧倒的な視覚的スペクタクルが提示されていた。スタジアムのグラウンドは、スタンドから見れば中国大陸で起こっていることを把握することができる「支那大陸大パノラマ」として使用されていた。ここには軍艦出雲の模型も置かれ、戦場の

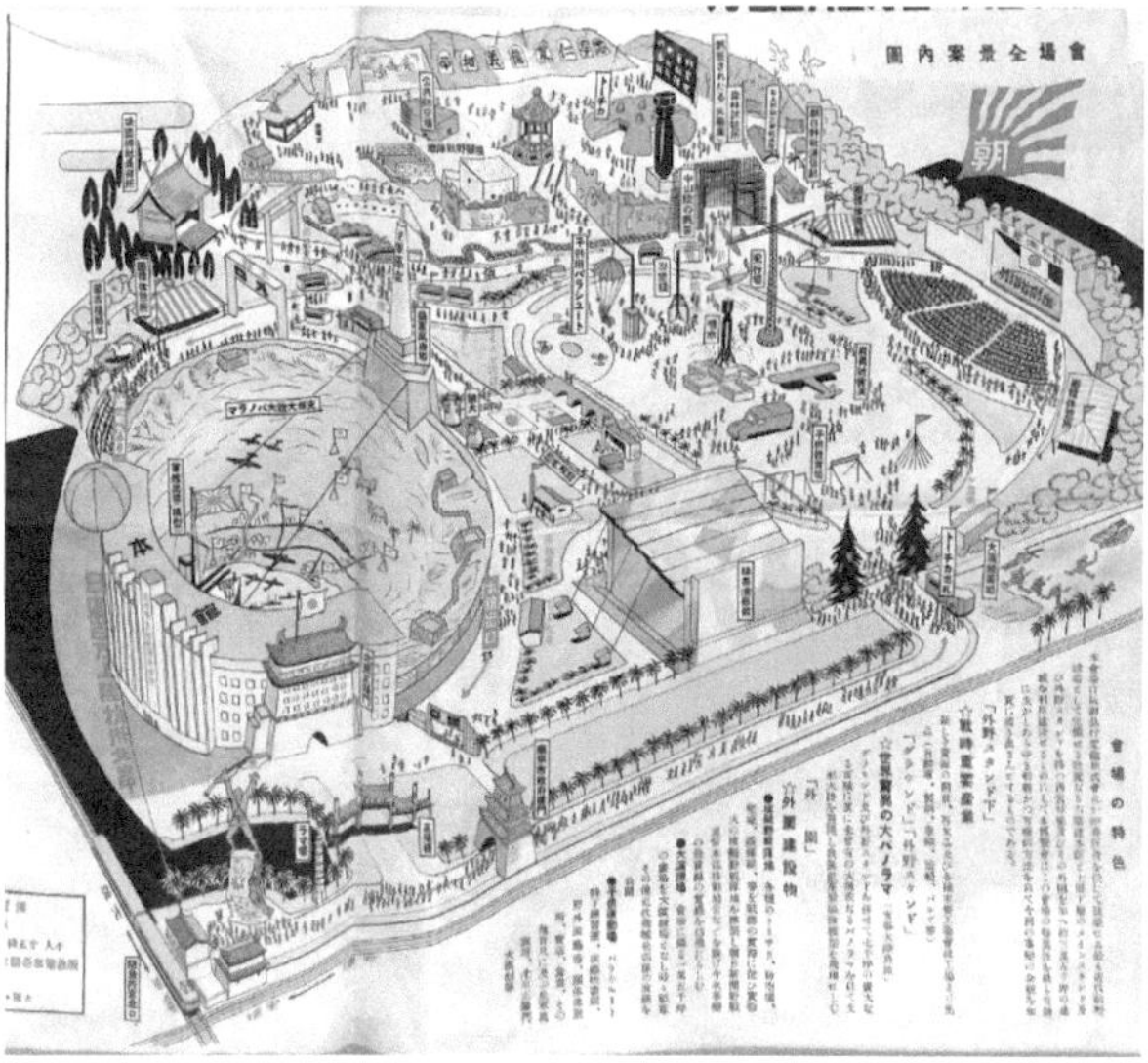

支那事変聖戦博覧会のしおりから見る会場内の様子

様子を見て感じることができるようにもなっていた。スタジアムの得点ボードは皇軍万歳塔として装飾され、塔には「皇軍万歳」という言葉が記されている。

戦場を見るだけでなく、実際に模擬体験するため、スタジアムの外園には模擬野戦陣地が再現されており、朝日新聞社の通信部、農林試験所、火薬庫のほか、トーチカ、防空壕が配置されていた。戦地の丘を模したハリボテには「平和義信愛仁孝忠」という語が並べられ、この戦争が平和や正義のためのものであること、そのために日本軍が命をかけて戦っていること、つまり「聖戦」であることが強調されている。

この博覧会では、阪急百貨店、明治

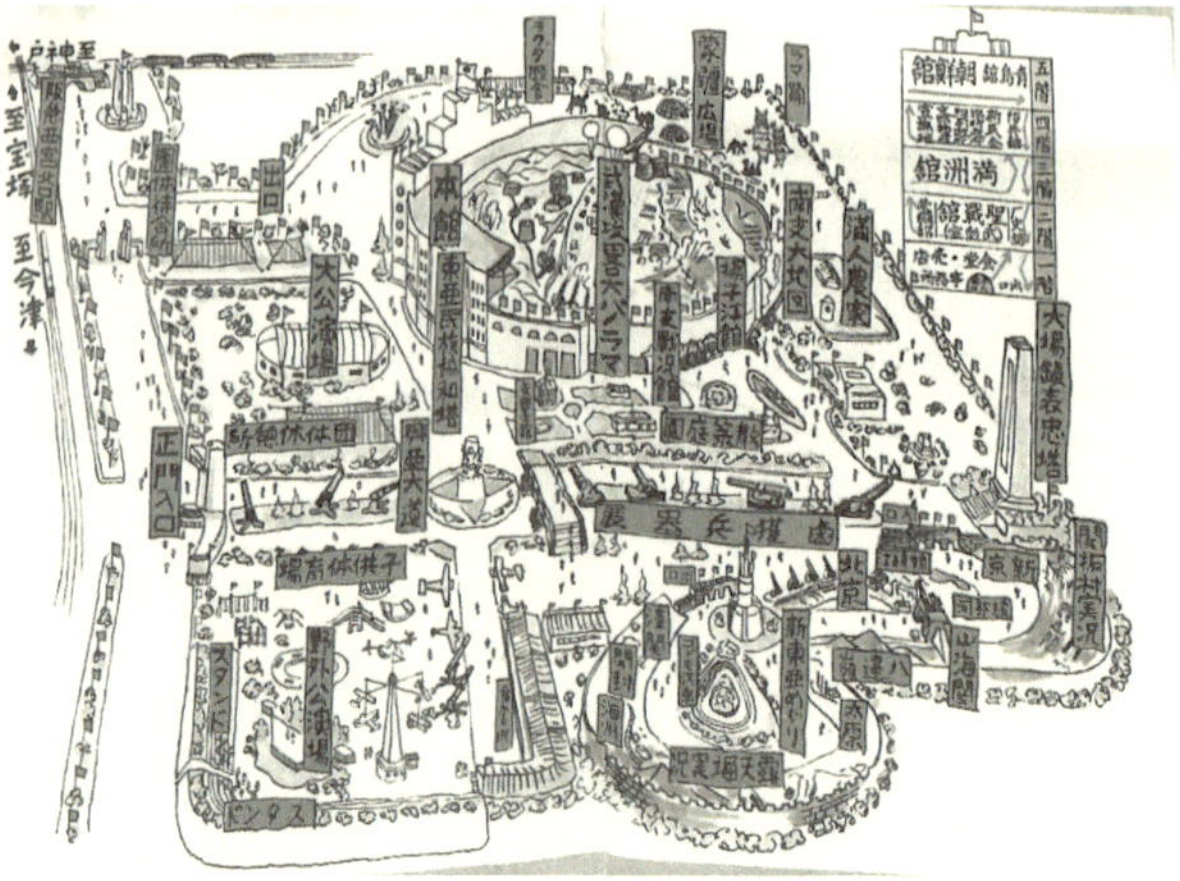

大東亜建設博覧会の会場内の様子

製菓、日東紅茶などが出店していた。来訪者たちは戦果を目撃するだけでなく、お菓子や果物を食べたり、物を購入したりと消費を楽しんだことも想像される。

東亜平和のための戦い

西宮球場は「聖戦」三年目に当たる一九三九年の四月一日から六月二〇日まで、大東亜建設博覧会の会場としても用いられた。入場料は大人五五銭、子ども二七銭、軍人および学生が三五銭で、前年の聖戦博覧会よりも少し高めである。

『大東亜建設博覧会画報』（一九三九年、以下では『画報』と略称）は次のように博覧会の意義を説く。

今や日本は建国以来未曾有の大事業に直

面してゐる。黎明《れいめい》アジヤより興隆アジヤへ！　これこそわれら日本民族に課せられた〝世紀の使命〟であらねばならぬ。大東亜の建設！　これこそわれらが国家の生命を賭《と》しても成就しなければならぬ曠古《こうこ》の聖業である。

聖戦すでに第三年、今や国を挙げてこの聖業に邁進《まいしん》すべき秋《とき》、護国の英霊に感謝をさゝげ、皇軍将士の武運長久を祈りつゝ、東亜の現勢を正確に認識し、次に来るべき新東亜の天地を予見し、もつて国民大衆が今後に処すべき道を顕示し、聖業の実現遂行のために確《かっ》乎《こ》不抜の精神を振起せんことを期して（後略）（四頁）

支那事変から二年を経て、中国大陸の支配に対する野望を募らせていた日本は、「大東亜」の建設を「世紀の使命」とし、それを広く知らしめるためにこの博覧会を開催したのだった。そのため、今回の博覧会では日本を中心とする大東亜の融合がことさら強調された。

展示物を栞から確認しておこう。正面入り口の門をくぐると、二つの塔が目に入るようになっている。手前に東亜民族協和塔、その向こうに聖戦博覧会会場での靖国神社遥拝所に代わって造られた大場鎮表忠塔である。「護国の忠魂の勲し」を偲《しの》ぶこの表忠塔までは幅一二間の「興亜大道」がまっすぐに伸びていく。その道の両側には中国軍から鹵獲した戦利兵器が並べられ、日本軍が命をかけて大陸における戦闘に従事していることが見せつけられる。『画報』の写真からは、正面入り口から伸びる興亜大道には人があふれ、しかも足を止めて鹵獲兵器や

栞に描かれた東亜民族協和塔

鹵獲兵器と協和塔

モニュメントに見入っている様子が伝わってくる。

　日本軍の兵士たちはこの事変で東亜の平和と安定のために命を賭している。それを物質的に象徴するのが東亜民族協和塔であった。博覧会が発行した栞の表紙には、日章旗、五つの民族を表す色を持つ満州国旗、そして五族協和の五色旗の下、平和の鳩を追いかける子どもの協和塔が描かれている。日本中心主義的なモニュメントに代わって、会場内とその周辺には五族にちなむ文物の展示が盛んに行われた。

『画報』には鹵獲兵器のアップとその後ろにそびえる協和塔の写真が掲載されている。その写真の上には「興亜大道に芸術的な姿でそゝり立つ東亜民族協和塔　手前の高射砲は戦利品」とキャプションが付されている。こうした構図は戦いの結果として得られるべき東亜の「平和」

をほのめかしている。

実際、『画報』は次のような一文で締めくくられている。

護国の英霊に感謝を捧げつゝ、また皇軍将士の武運長久を祈りつゝ、何ゆゑに日、満、支一体の新東亜建設に起ちあがらねばならぬかの世紀の大使命を顕現したこの大博覧会は、祖国愛に燃えたぎる国民に対し東亜新秩序の建設こそ大和民族に課せられた使命である事をいやが上にも強く刻むものと期待されてゐる

ここからは避けられない「使命」としての戦いがはっきりと言明されている。それは、誰も拒むことが許されないものなのだ。

戦う皇軍、平和の東亜

聖戦博覧会と同様、球場の本館は展示場として用いられた。一階から五階まで、各階でテーマごとの展示が行われていたので、それを左に紹介しておこう。

一階　食堂、売店
二階　歴史館（日本、満州、朝鮮の文化交流を示す）、聖戦館（日本軍兵士の武勲や遺品のほか、

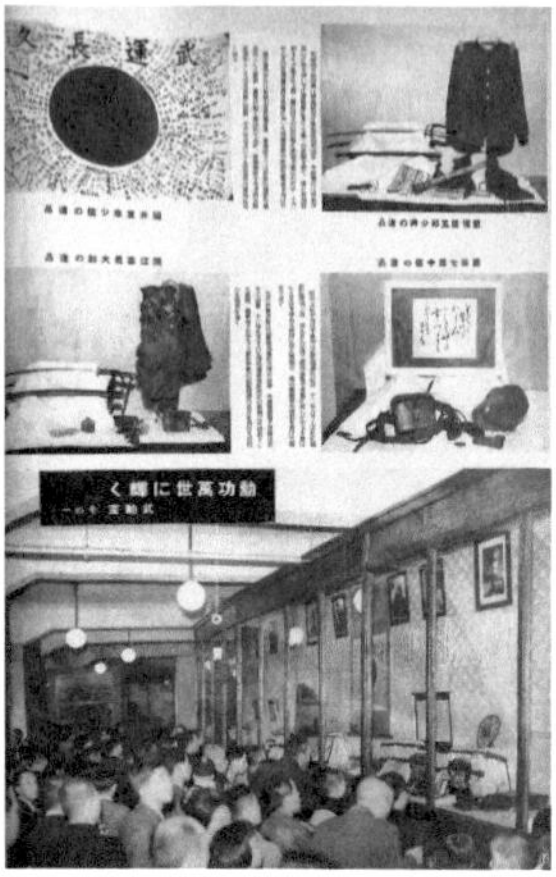

聖戦館での陳列品と内部の様子

戦利兵器などを展示）、蒙疆《もうきょう》館
三階　満州館（満州国の現況を解説）
四階　防共館、支那物産館（臨時政府や中国物産などの展示）
五階　青島館、朝鮮館

栞の記載内容から、もう少し具体的に展示品の内容を確認したい。二階の聖戦館は前年の支那事変聖戦博覧会で展示されなかった戦利兵器や最新の事変の資料を展示している。というのも「事変はまだ〳〵長期作戦を要するの国民の覚悟を促す」必要があるからだ。またこの聖戦館には、「武勲室」が設けられ、出征将士の殊勲を物語る品々、廬山《ろざん》にて戦死した飯塚部隊長、「昭和の軍神」西住戦車長の遺品など「護国の英霊となつた勇士の数々の貴き遺品」が陳列された。『画報』にはこの聖戦館の写真が掲載されている。ガラスケースに陳列された遺品や遺書、国旗への寄せ書きの様子は、現在の靖国神社内の遊就館で目にすることのできる陳列方法によく似ている。

　この聖戦館の隣に置かれたのが、蒙疆館である。ここには蒙疆連合委員会、蒙古連盟、察南《さつなん》、晋北の三つの自治政府などからの出陳物が展示された。蒙疆連合委員会とは、一九三七年一一月に蒙古連盟、察南、晋北の自治政府が連合して成立した親日的な傀儡《かいらい》政権である。いわば支那事変の戦果ともいうべきものが英霊を称える聖戦館の隣に設置されることで、日本軍の戦いの崇高さが演出されたのである。

三階の満州館は「躍進満州の全貌」を展示した。国内の治安、対ソ連の国防、産業開発五カ年計画、開拓移民計画、民族共和などの施策がパノラマやジオラマ、図や写真によって表現される。それらは「現在東亜新秩序実現」のための満州の役割を分かりやすく日本本土の人びとに伝えるために重要だった。

四階には支那物産館、維新政府館、臨時政府館、新民会、宣撫《せんぶ》班が置かれている。『画報』では支那物産館内部の写真に「皇軍のお陰で平和に邁進しつゝある支那の風物が遺憾なく展観されてゐる」とキャプションが付されている。中華民国臨時政府は一九三七年一二月に王克敏を行政委員長として華北に成立したもの、中華民国維新政府は一九三八年三月に梁鴻志《りょうこうし》を行政院院長として南京に成立した日本の傀儡政権である。また、新民会とは臨時政府が樹立した一〇日後に組織された団体であり、宣撫班もまた日本軍が占領地域の住民の支持を得るために戦争目的を宣伝したり、娯楽など、民生に役立つことを行ったりするために組織、派遣された小部隊である。この四階では、北支臨時政府のシステム、行政、新教育制度のほか、新民会や宣撫班の住民懐柔戦略が写真やパノラマによって示された。『画報』からは学校や診療所の開設、商取引の復活など現地の「文明化」に寄与している様子とともに、「反共救国」や「蔣介石《しょうかいせき》下

武漢攻略大パノラマの展示物とそれを見物する人びと

野」といった垂れ幕を掲げる人びとの画像もまた展示されたことが分かる。また、維新政府の管轄下にある工場で生産された綿花、綿糸、綿布、皮革、農産物も出陳されていた。

同階に置かれた防共館は、ソ連による共産主義化に対抗することの正当性を訴える。すなわち、日本、ドイツ、イタリア、満州、ハンガリーの防共協定を強調することで、「今次聖戦の目的が一つは防共にある」ことを強調するのである。ソ連との戦いは、続く五階における張鼓《ちょうこ》峰《ほう》事件においても示されている。この事件は一九三八年七月末から八月上旬にかけて満州国東南端の張鼓峰で発生した日本軍とソ連軍との国境紛争であり、ソ連の脅威と大陸守護の重要性がこれらの展示で説かれる。同じ五階には朝鮮館が設置され、朝鮮軍、朝鮮総督府などからの朝鮮風俗、産業、文化に関する資料を展示することで、「大陸の兵站《へいたん》線たるの半島」を顕示した。

このように、本館では支那事変から三年を経て、兵士の命を犠牲にしながらも、より多くのものを日本が獲得していることが示された。朝鮮、満州を足がかりにして、中国人の人心をあの手この手で懐柔し、中国大陸を手に入れる。それがつまるところ、日本人・漢人・朝鮮人・満州人・蒙古人の五族が協和して建設される大東亜の建設につながると考えられたのである。

戦地を体験する

本館が付設されている一万坪の野球スタジアムでは「今事変最大の戦果」（『画報』四頁）である「武漢攻略大パノラマ」、外野スタンドの下には広東攻略戦や南支の風景などを表す「南支館」、揚子江流域の地理情報を示す「揚子江館」が設置された。大パノラマを栞は次のように紹介する。

> 今事変最大の戦果であり世界戦史に比類なき武漢三鎮の攻略戦が身をもつて戦野にあるがごとき実感でひし〳〵せまつて来る、総面積実に一万坪、球場のグラウンドにあたるところには漢口にせまつてゐる、載家山いつたいからまさに漢口に突入せんとする将兵も無数の人形兵士の大軍である、タ

ミニチュア化された新東亜の風景

ンクが塹壕《ざんごう》を越えて行く、支那軍がはふり出して遁走《とんそう》した大砲、高射砲もごろ〳〵ころがつてゐる、戦野さながらの支那部落も樹木や竹を配してたくみに表現されてゐる、空爆の跡もパックリと大きな穴をあけて威力ぶりを示してゐる、スコアボールド下には武漢三鎮が縮製されその上空は特設の模型飛行機がびゅん〳〵飛びかひ武漢めがけて猛爆の実況を硝煙と音響で再現するのだ、大揚子江もどす黄色い濁流となつて満々と流れ溯江《そこう》艦隊の活躍が手にとるやうに見える

『画報』に掲載された展示の写真を見ると、銃を構えたり、大砲で狙いを定めたりする兵士、進軍する戦車などの人形や模型の精巧さがうかがえる。そして野球グラウンドなどに展開するこの戦地のジオラマを観客たちは高い場所から睥睨することで、まるで武漢の戦いを上空から眺めているような気分になったことだろう。眺めるだけではなく、内野スタンドには大別山系の山岳戦状況のパノラマがあり、いくつも作られた大トーチカを観客は通行し、体験することもできた。人びとはそのトーチカに潜ることで「皇軍将兵の勇戦奮闘を偲び、あはせて兵隊さんの労苦をほのかにでも体得」することが期待されていた。

野球場を出ると目を引くのが、展示会のシンボルである東亜民族協和塔であり、その周辺には鹵獲兵器展、新東亜めぐりの展示、そして大公演場が置かれている。収容人数二〇〇〇名を超える公演場では事変に関する映画の映写や武道の演舞、講演会などが連日上演された。鹵獲

大東亜建設博覧会画報の表紙も
蒙疆展示である

蒙疆広場の遊牧民展示

品展示の意義は次節で詳述したい。

　鹵獲した兵器の南側には、その戦闘によって実現される新東亜のミニチュアが作られた。表忠塔の前に入り口が置かれ、「新東亜めぐり」と題されたその一画には新京、北京、太原、八達嶺、海州、開封、漢関などの中国の都市が再現されている。『画報』の写真からは、この区画内にそれぞれの都市を代表する建築物やモニュメント、そして地形などが再現されていることが分かる。それによって「一巡にして新東亜の現勢が分る」。しかも、この区画には満州での開拓の状況を伝える「開拓村実況」も展示されていた。同じ「日本人」が辛苦しながら外地で開拓する様子は大人気で大混雑していると『画報』は伝える。坪上満州拓殖公社総裁が「現地そのまゝの表現ぶりにこれで内地の人達にもよく説明されると大喜び」だったという。必死の開拓が実って秋に刈り入れをする様子を、人形を使って再現する展示、零下三〇度の冬に木々を伐採する写真のほか、「荒れ地が瞬く間に開墾され喝采《かっさい》を博し」たトラクターの実演。そして実際に満州からの一団が日本を訪問し、大阪市長に挨拶をするなど、人間による演出も加えられたのである。

人間の展示という意味では、本館の北側に設けられた蒙疆広場が興味深い。モンゴルの人を呼び寄せ、遊牧民の住居であるパオを展示する。そして遊牧民に必要な羊とラクダも展示する。多くの来場者にとってラクダは初めて見る動物だったのだろうか、柵の外側からのぞき込む写真が『画報』に収められている。人の展示は北京茶館や刺繡館《ししゅう》でも行われた。栞には「北京の姑娘《クーニャン》が大挙来場して嫋々《じょうじょう》たるサーヴィスをやる趣向、刺繡館では蘇州《そしゅう》美人の刺繡実演があり、また北京名物の絨毯《じゅうたん》織に織工が派遣される」とある。ここからは仕える女性、中国と、仕えられる男性、日本という対比を読み取ることも難しくない。

このような物質展示を通して人びとは聖戦の意義を理解していった。それは人間を圧倒する規模の展示であり、また娯楽を通した聖戦の理解であった。

三 「愚かな中国」

鹵獲品展示の三つの意義

先の節で大東亜建設博覧会において鹵獲品が展示されたことを紹介した。鹵獲品の展示は博覧会以外でも行われた。その一つが、東京の日本橋にある三越百貨店の屋上特設会場にて一九

鹵獲品展覧會
〈2〉
金色に光る鐵兜
これを冠つて亂暴したのです
支那獨得の青龍刀
軍艦名のつ

『朝日新聞』1937年9月23日付の記事は
鉄兜や青竜刀の写真も提示する

三七年九月二四日から三〇日まで開催された「北支戦線鹵獲品展覧会」である。東京での展覧会終了後は「地方銃後の人々の観覧に資するため」、各地に巡回してやはり展覧会を催している。

開催の告知記事は次のような文章から始まる。

> 空《くう》、陸、海——我皇軍の目覚しい奮戦は行く所恰《あたか》も敵なきが如く、よく膺懲《ようちょう》の実を収めてその燦《さん》たる武威は全世界に汎《ひろ》く報ぜられてゐることは改めて申すまでもないことでありますが、本社では熱誠に湧く全日本銃後の人々と共に戦場におけるわが無敵皇軍連勝の喜びを頒《わか》つと同時に第一線皇軍将士の労苦を偲ぶべく、過般来偉勲を語る鹵獲品の一部借用天覧につき軍当局と折衝中のところ北支駐屯軍司令部より我軍鹵獲品中代表的支那軍器その他八十九点を十九日神戸入港の便船にて発送していたゞきましたので事変勃発以来本社特派員が弾丸雨下の第一線にお

いて撮影したニュース写真と併せ今事変最初の鹵獲品展覧会を左の如く開催することにいたしました（『朝日新聞』一九三七年九月二二日付）

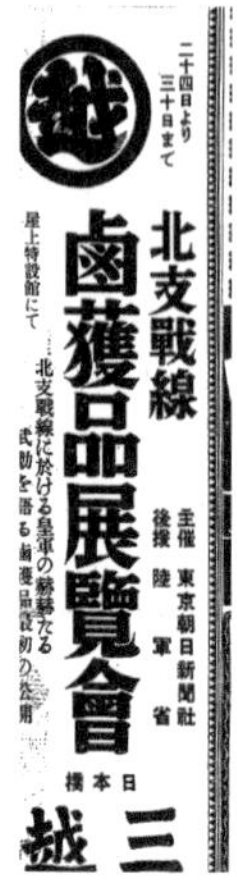

鹵獲品展覧会の告知広告

「鹵獲」とは敵の軍用品や兵器などを奪い取ることを意味する。この場合は中国軍から奪った品々であり、それらを広く国民の目に供することには、三つの意義があったと考えられる。第一は、鹵獲品を奪う日本軍の強さを示すこと、第二は兵器を奪われたり置いて逃げたりする中国軍の弱さを示すこと、第三に敵と戦い兵器を奪うにいたる日本軍兵士の「労苦」を示すことである。そして鹵獲品を介して銃後と戦線は結びつけられ、さらに国民の情緒的一体性が醸成されるのである。

武器で示された支那軍の劣等性

鹵獲品として展示されたのは、次の品々である。

水冷式機関銃　二、チェコ式軽機関銃　一組二個、自動小銃　六個、擲弾筒　一個、軽迫□砲　一組二個、大型モーゼル拳銃　一個、各種小銃　十個、各種青竜刀　八個、各種拳

銃　一一個、長刀　二個、槍　二個、洋砲　一個、電話線架設用具　二個、ラッパ　二個、スコップ　三個、鉄兜　三、将校用鉄兜　四個、保弾帯　一個、各種弾薬　一箱、手榴弾　一個、弾薬帯　三個、五色旗　一個、破損各種品　二、三個、そのほか保安隊旗　二旗

これらの品々を展示することで、銃後の人びとに日本軍（皇軍）との埋めがたい劣等的差異を中国軍が持つことを知らしめたのである。

ではどのような劣等的な差異があると示されたのだろうか。展示されたポスターの解説を見てみよう。「如実に物語る抗日　嘘八百を並べたポスター　まち〳〵な銃器」と題された九月二五日付の『朝日新聞』東京版の記事には「排日、侮日、抗日に支那当局が大童《おおわらわ》になつたか。幼稚だが愚民を十分に扇動することの出来る各種ポスターが何よりも証拠です」とある。中国軍のポスターは中国人の愚劣さと幼稚さを明示すると説明されている。幼稚な点とは、日本軍が日章旗を掲げて済南城に攻め寄せた図と中国人を死刑に処した「日本武力侵害中国国恥掛図」と、満州国成立に反対するために本庄将軍、土肥原大佐の肖像とともに「首造傀儡日軍指令本庄」「陰謀之日軍大佐土肥原」と書いたもの、さらに日本軍が中国人を虐殺し家屋を壊したことを告発する上海事変のポスターである。これらは「『嘘八百』侮辱的な扇動の絵と文字を並べて」いるというのである。

武具も、中国軍の野蛮さと幼稚さを示すものとして展示された。九月二六日付の記事では鉄

兜、旗、青竜刀が取り上げられている。鉄兜は「呪はしい通州事変を起したき東保安部隊の将校」がかぶっていたものである。「こんな立派な鉄兜をかぶつた将校が指揮して力なき子供、婦人まで虐殺したかと思ふと腹立たしくなります」とある。この兜は精神性の高い日本人が所有するカブトとは対照的に野蛮さを象徴するものとして紹介される。

青竜刀も見ておこう。「見たところ物凄い青竜刀」は、「日本刀の斬れ味には敵《かな》わず、「ことに正義の刃《やいば》、忠烈の刃である日本刀の前には、（中略）何の威《おど》しにもなりません」と続く。その青竜刀が鹵獲されたということは、それが奪われたり、それを置いて逃げたりしたことを意味する。それはやはり最後まで戦い抜く日本の精神性と質的に異なる。「戦ひは武器も必要でせうが軍人の精神です、『尽忠報国』の大和魂の日本兵の前にはおそれるものはないのです」と記事は締めくくられる。

多くの銃後の日本人は敵である中国人を直接目にすることはなかった。この鹵獲品は人びとに中国人の性質を知らしめるための重要な媒介物《メディア》だったのである。事物には低劣な中国人という意味が十二分に込められていた。それは日本とは対照的な性情であることも新聞という媒介物によって伝えられたのである。

少国民の体験記で表す中国人と日本人

これからの国を担う若者、少国民がこの鹵獲品展示を見て、日本人と中国人の性質を感得することはとても重要だった。実際にどのように彼ら彼女らがこの鹵獲品を見たのか。一〇月二日付の『朝日新聞』紙上に掲載された中等学校生徒の感想文を紹介したい。記事は「東京三越で開催のこの展覧会を観た男女中等学生の感激文を募集しましたところ応募文は殺到」という説明書きのあと、東京高等商工本科一期生の男子生徒と、女子学院一年の女生徒の感想文を紹介する。

男子生徒は展示会を訪れた人たちの様子を「鹵獲品を見て廻《まわ》る人々の顔はみんな緊張して兵隊さんの苦労を察してゐるかの様だ」と描き出す。彼は「心は勇んで」会場を訪れた。というのも「支那軍が皇軍を悩ます武器はどんな物か」知りたいと思ったからである。ポスター、新旧式の鉄砲、カブトのほか「野蛮人の持ちさうな多数の青竜刀、物騒なピストル、錆《さ》びた銃剣、モダンな洋刀」が彼の目に入る。

これらの武具は、『朝日新聞』が繰り返し意味づけた通りに、生徒たちによって読み解かれていった。女子生徒は「日本兵と支那兵との違ひがこれを見てゐる中にはつきり分ります」と記す。その理由は次の通りである。

真赤に錆ついた青竜刀、惜しげもなく曝《さら》された軍旗、迫撃砲からダムダム弾、小銃、長刀までこんなにも沢山お土産を置いて逃げる支那兵の弱さ、日本兵は小銃一挺《（ママ）》失《なく》しても死を考へるといふのに之は随分呑気《のんき》だと思ひます。勇敢な我軍の突撃にあはてふためいた敵の様子が想像されて痛快です。

武器を捨てて逃げまどう中国軍、戦う日本軍が対照的である。男子学生は「これらの武器を支那軍が幾百万持つて向つても大和魂の前に出ては何の価値もないと思ふ時僕は思はず涙と共に万歳が出て来た」と、日本軍の高い精神性が中国軍の武器を凌駕《りようが》する様を想像し、心を震わせる。女子生徒もまた、「忠勇といふ言葉そのまゝの塊になつて飛込まれては支那兵がいくら愛国心を持つてゐても防ぎやうがないではありませんか」と記している。

そして、武具を鹵獲する日本兵の強さが最後には称えられ、銃後の少国民の戦意を高揚させる。男子生徒はこう書いている。

こんな新式の武具を持つ支那兵を追つめて連戦連勝の日章旗を高く掲げるのも一に上御稜《みい》威《つ》の賜《たまもの》と一死報国を念とする兵隊さんの武勇によるものと思ふとき、我ら第二の国民は兵隊さんの苦労をわが身に受入れて銃後の護《まも》りを固くし東洋平和の確立に一死を捧げようと僕は心に誓つた。僕だけではない。この鹵獲品を観た人々は等しく感じた事である。

自分もまた国のために命を捧げる覚悟であることを確認するのである。女子生徒も感想文を「終りに非常な辛苦を重ねてゐる皇軍の方々の武運長久を祈ります」という言葉で締めくくる。

参戦に沸く新中国の様子を伝える『写真週報』1943年1月27日号

この二つの感想文は氏名と学校名が明記されているが、実在する人物が書いた本物の感想文なのかどうか定かではない。ただし、それが本物であろうと偽物であろうと、このように鹵獲品展示会の品々を読み解き、日本の正当性と精神性を誇ることを、朝日新聞社が期待したことは理解できる。このようにして戦争は事物を通しても人びとに見せつけられたのである。

新たな同盟国を示す

もちろん、すべての中国人が低劣だと考えられたわけではない。たとえば、一九四〇年三月に南京にて汪兆銘《おうちょうめい》が、北京の中華民国臨時政府や南京の中華民国維新政府を結集して樹立した親日の政権は「新中国」と呼ばれた。正式名称は国民政府。もっともこの政府を承認したのは、イタリア、タイ、ヴィシー・フランス、ドイツ

軍事練習に励む新中国軍

などいわゆる枢軸国が主で、連合国は承認していない。というのも、南京が陥落したものの重慶に首都を移し、日本に抗戦する中華民国が別個に存在したからである。

この新中国が一九四三年に連合国へ宣戦布告すると、『写真週報』一九四三年一月二七日号は「中国参戦」を大きく報じた。表紙をめくると目に飛び込むのは、

『中国宣戦を布告す』
固く誓ふ同生共死の
戦場は一つ
敵は一つ
米英重慶の陣営に
アジア一丸の嵐を吹きおくらう

という「時の立札」である。大東亜の平和安定を邪

魔するアメリカ、イギリスと重慶政府に対して「中国」も宣戦することは、大東亜一丸の共栄圏確立というかけ声にとって非常に重要だったのである。

それにともない執り行われた日華協定書調印式の写真は、新たな味方を手にしたことを強く印象づける。南京中央ロータリーで催された民衆行進は、「支那民衆」の間に起こった「米英撃つべし」（五頁）の声を反映したものであり、その行進を捉《とら》えた写真には国民政府と日本の国旗が高く掲げられている。その横に置かれた、両手を高く突き上げ、「万歳！」（五頁）を叫ぶ軍服姿の軍官学校生徒の大きな写真は、米英という真の悪との戦いへの参入を心待ちにしていた「支那民衆」を印象づける。

新たな味方が弱くては話にならない。中央陸軍軍官学校での訓練の写真でまず目に飛び込むのは剣道をする生徒の写真である。「砲の分解、組立、運搬の訓練に汗する砲兵隊」（七頁）、銃訓練の写真などは強い味方であると同時に、「わが派遣将校指導の下に精兵主義による訓練を受けて」（六頁）おり、信頼するに足る戦力であることを伝えている。

「新中国」の参戦は、兵力の増強だけでなく物資の増強でもあった。広大な中国大陸に眠る資源が戦争協力の名のもと採掘されていく。『写真週報』一九四三年一月一三日号の「わが戦力増強へ　新中国の資源総動員」は、蒙疆の鉄山で鉱石を露天掘りし、貨車で運び去り、太原の鉄廠《てっしょう》で溶かし、製鋼された鉄材が「やがて戦車になり、軍艦となるために」（七頁）積み出される写真が掲載されている。

アメリカとイギリスがアジアで「狙つてゐたもの」は「支那の蔵する巨大な天然資源」であった。しかしこの資源の大部分は「大東亜戦の戦力供給源として開発され、加工され、米英の野望撃滅のために役立つてゐる」(七頁)。それは「同生共死を誓ふ新支那の力強い協力ぶり」の表れなのである。

本章は戦時中の博覧会と雑誌を用いて、「聖戦」がどのように言語化、視覚化、物質化されたのかを考えた。新体制は雑誌において旧体制と比較され、それを通して正当性が訴えられた。また新体制の中で進行した日本の「聖戦」は雑誌においても展覧会の物質的展示においても正当化された。とりわけ大東亜共栄圏というイデオロギーは展示品を介して日本人に具体的に提示されたのである。また、聖戦の当初の敵であった中国は、鹵獲品を通して愚かな存在として物質化されたのである。こうして、聖戦の意義は広く日本人に広められた。

第二章　乾坤一擲と大躍進――大東亜戦争における軍事力

一　大東亜戦争の視覚性

乾坤一擲の攻撃を見せる

『アサヒグラフ』は一九四一年一二月二五日付で『大東亜戦争画報』という臨時増刊号を発行した。言うまでもなく、同月八日に実施された真珠湾攻撃を受けてのものである。印刷は二〇日付であることから、開戦後ただちに編集されたことが想像される。

『大東亜戦争画報』を開くと目に飛び込んでくるのが、天皇によるアメリカとイギリスとの開戦を告げる詔書である。「東亜ノ平和ヲ攪乱《こうらん》」する英米の横暴は「帝国ヲシテ干戈《かんか》ヲ執ル」に至った。詔書の下に置かれた開戦の解説文によれば、それは「皇国の隆替のみならず、東亜の興亡世界の運命を決すべき将《まさ》に乾坤一擲《けんこんいってき》の決戦」とされた。そのため、一二月一二日の閣僚会議で「大東亜地域の安定勢力としての帝国の大理想を簡明直接《ちょくせつ》に表現」するため、「大東亜戦

乾坤一擲の攻撃を見せつける
『アサヒグラフ』臨時増刊号

争」と命名されたことも告げられる。この戦争は、「米英両国の傀儡《かいらい》と化した重慶政権の打倒を目指すものであり、大東亜新秩序建設を阻害するものを排除する」もので、一二月八日以降の中国地域での戦争も含むものであることも説明されている。

この乾坤一擲の一撃は、『大東亜戦争画報』の表紙を飾る日本軍機による真珠湾攻撃の写真に端的に表れている。上空高く飛ぶ軍機による爆撃によって、立ち上る黒い煙は、圧倒的な軍事力でアメリカをねじ伏せたような印象を与える。この作戦を成功させた功労者として本誌で取り上げられるのが、山本五十六《いそろく》である。天皇より山本に下された勅語が紹介され、「百戦錬磨の名提督」（四頁）山本の逸話が記される。誌面の半分以上を占めるのが旭日旗《きょくじつき》の下、甲板に立つ山本の写真である。山本、旭日旗、そして静かな海と晴れ渡る空という構図は、前途洋々たる日本の未来を示唆している。写真の下には山本が書き贈ったという「心如鉄石」という文字が躍る。いったん開戦したからには初志貫徹という意志を強く示す文字が選ばれたことが分かる。

連合艦隊司令長官山本が指揮する海軍の力が、続く「世界に冠絶のわが海軍力」という記事

海軍の威力を見せつける砲撃の写真

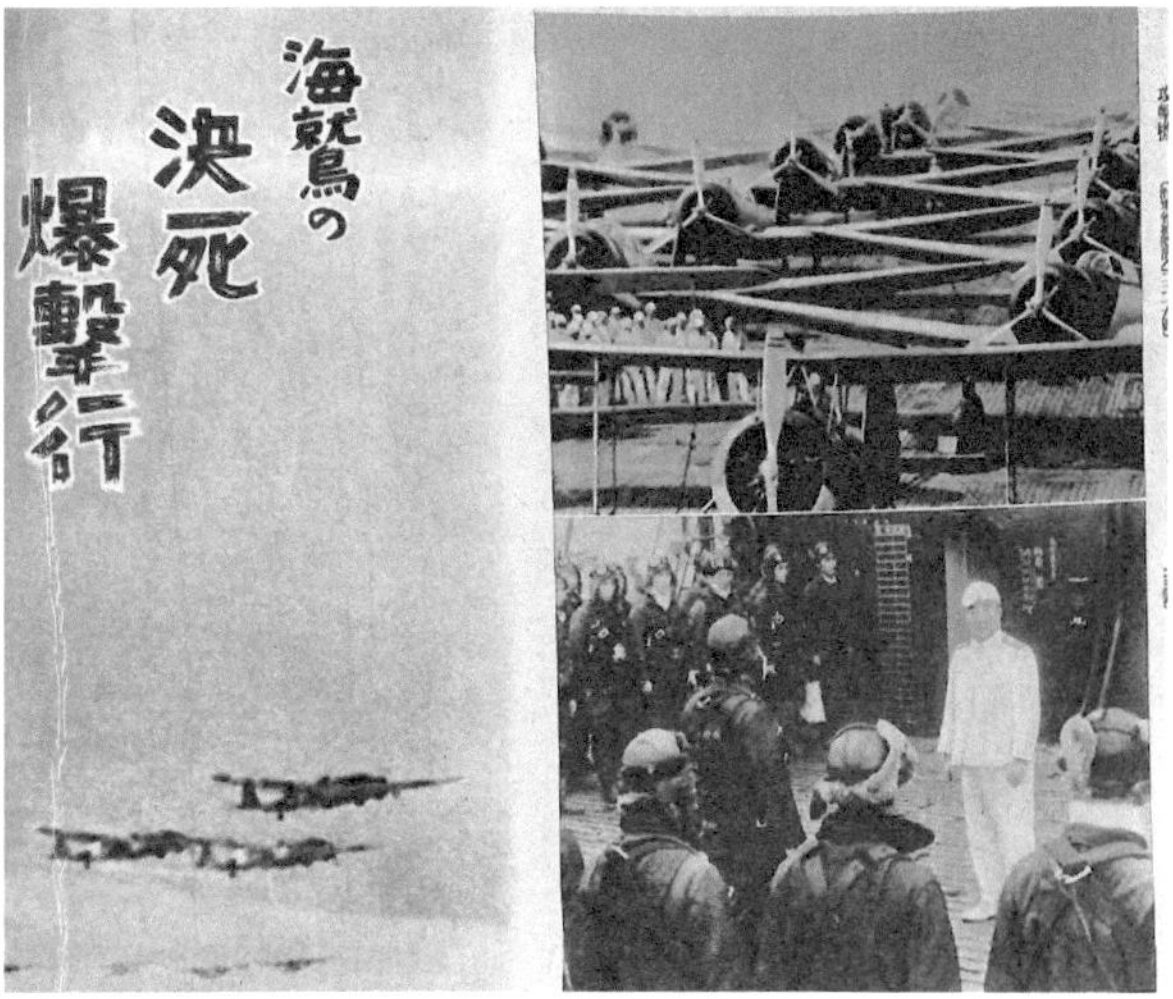

海軍の航空隊の攻撃力は航空機の数と兵士の質で示される

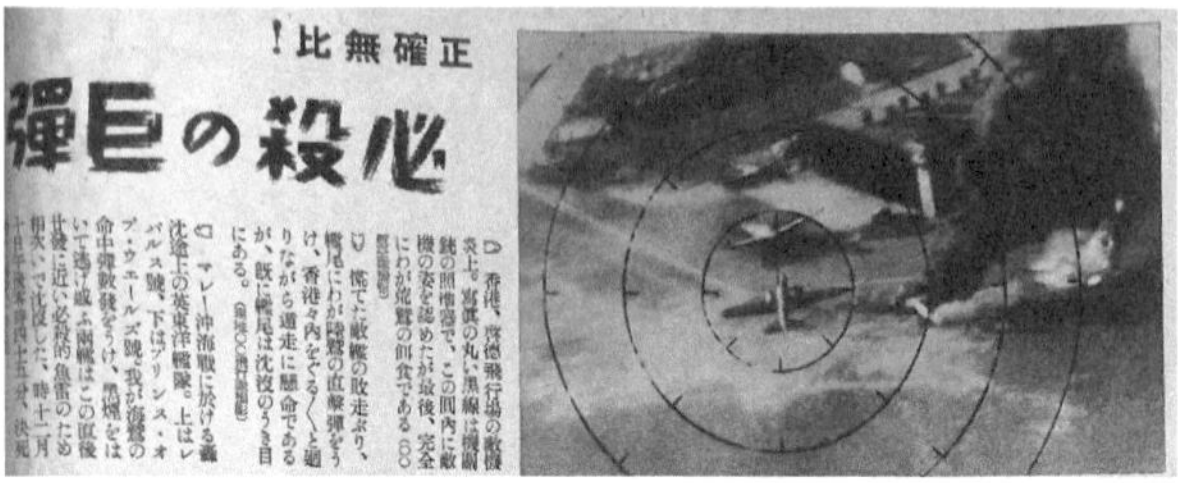

正確無比の爆撃技術は写真の加工によって視覚化される

で示される。海軍少佐福永恭助は、敵国の海軍との比較から日本海軍の力を語る。太平洋戦争が開戦した初日に、米軍の主力艦のうち八隻が撃沈されたり損傷を受けたりしたため、「いまのところ、日本海軍と戦へるのは六艘《そう》しかない」し、マレー沖開戦でもイギリス東洋艦隊の主力が「撃滅」されたので、「こゝ当分主力艦でも日本が絶対に優勢」（六頁）だという。そのうえ、主力艦をサポートする補助艦である航空母艦、巡洋艦、駆逐艦、潜水艦などとの連携が十分であり、「数も多いが質もいゝ。そこへ持つてきて人即ち乗手の魂と腕が天下一品だから、ハワイでもマレー沖でもあの大戦果を挙げた」（六頁）と、日本軍の充実ぶりを誇るのである。

海軍の威力は、敵機に放たれる艦砲の写真によって視覚的に示される。艦砲のアップと、モクモクと立ち上る煙は、この一撃によって敵機を仕留めたことを告げている。その下には、意気揚々と太平洋を進む艦隊の写真。この写真の配置はまさに日本海軍の力を言葉なしに物語るのである。

実際に真珠湾攻撃を担ったのは航空母艦から飛び立った「海鷲《うみわし》」。空を我が物顔で飛ぶ爆撃機の写真は、海だけでなく制空権も握っていることを読者に印象づけていく。そして操縦士の視点から爆撃の状況を捉《とら》える写真は、「正確無比！　必殺の巨弾」という見出しで掲載される。香港の啓徳《けいとく》飛行場にある敵機を爆撃する写真には、敵機に狙いを定めた照準器の円が敢《あ》えて付け加えられ、敵をこの手で仕留める強さを読者に伝える。キャプションには「この円内に敵機の姿を認めたが最後、完全にわが荒鷲の餌食《えじき》である」（一〇頁）とある。また、敵艦を追い詰めた様子を上空から撮影した写真が二枚ある。上空からの爆撃に逃げ惑う戦艦については、「慌てた敵艦の敗走ぶり、艦尾にわが陸鷲の直撃弾をうけ、香港港内をぐる〳〵と廻《まわ》りながら遁走《とんそう》に懸命であるが、既に艦尾は沈没のうき目にある」（一〇頁）というキャプションが、もはや逃げ道は残されていない敵艦の哀れさを伝える。その隣には、太平洋戦争初期最大の戦果である英国艦プリンス・オブ・ウェールズ号、レパルス号の爆撃の写真が置かれる。「我が海鷲の命中弾数発をうけ、黒煙をはいて逃げ惑ふ両艦この直後二十発に近い必殺的魚雷のため相次いで沈没した」というキャプションが付されたこの写真は、爆弾が落とされ続けるなか、煙を噴き上げながら逃げ惑う敵艦二艘を上空から撮影したものだ。おそらく艦内や甲板では鎮火などで必死に作業する英国軍の様子が見られたのであろうが、上空からはその様子は決してうかがうことができない。

開戦の正当性

太平洋戦争の開始、第二次世界大戦への本格参戦はどのように正当化されたのか。まずは文部省教学局が作製した冊子『大東亜戦争とわれら』を見たい。開くとまず「米国及び英国に対する宣戦の詔書」、すなわち一九四一年一二月八日の詔書が現れる。そしてその後に続くのが、大東亜戦争開戦に至る経緯である。その内容は次のようなものだ。

アメリカやイギリスはアジアを植民地化し、人びとをひどく扱ってきた。インドはかつて農業国であることを誇っていたが、「悪がしこいイギリスの手がのびてからは」農作物が安値で買いたたかれ、工業はイギリスに押し倒され、インド人たちはイギリスの商品を買わされた。高い利子をおわされ「身動きならぬ状態」に陥れられたのである。ビルマ（現ミャンマー）やマレーまでも同じように支配される一方、「英本国の首都ロンドンの商店街は日一日と賑《にぎ》やかに栄え、イギリスはいよ〳〵肥え太つていつた」（三頁）。オーストラリアでは原住民がイギリスによって「カンガルー狩りでもやるやうに撃ち殺」（四頁）されて滅んでいった。

アメリカは日本に黒船で威《おど》しをかけてきた。日本はその魔手に落ちなかったが、そのほかの国々はアメリカの餌食となった。たとえばアメリカはハワイで革命を起こさせ、その騒ぎにつけ込んで占領したし、フィリピンでは「独立の援助をしてやる」（五頁）と嘘をついてスペイン軍と戦わせ、終戦後は自分の領土にしてしまった。

「かうして、東亜の諸民族は国土を奪はれ、多数の住民たちの生活はおびやかされるに至つた」（五頁）が、日本だけが経済的、政治的、そして軍事的に発展を続けた。そして東亜のリーダーたる日本の商品はアジア各国に行き渡り始めたのだが、アメリカやイギリスにとってはそれが「目の上の瘤《こぶ》のやうに邪魔」（六頁）だった。第一次世界大戦で勝利し、イタリアやフランスの弱体化を悟ったアメリカとイギリスは「日本さへおさへつければ、支那も満洲も自分のものとなつたも同様だし、さうなれば、東亜ばかりでなく、世界全体を自分たちの思ひのまゝに支配できる」（六―七頁）と考えた。そして軍備縮小会議で日本の軍事力を低く抑えつけ、不平等な条件をさらに押しつけてきた。しかも「個人主義や民主主義や社会主義など、たうてい我が国の国がらとあひいれない思想を盛んに送りこんだり、浮はついた薄つぺらな風俗を日本の国内に流行させて、勤勉で質素な日本人を堕落させようとはかつた」（八―九頁）。さらに日本人の排斥もアメリカは行い、イギリスは高い関税をかけたり輸入を制限したりもした。

このようなイギリスとアメリカのやり方に妥協したのが中国だった。「自分たちがこれまでイギリスやそのほかの欧米諸国に、どんな目にあはされたかを忘れ、将来またどんな目にあふであらうかを深く考へもせず、米英と結び、その手先きとなつて、日本を排斥することを企てた」（九―一〇頁）。日本が日清、日露戦争以降、大陸で築いてきた「正しい地位」（一〇頁）を踏みにじり、中国はその大陸から日本の勢力を引き払わせようとしたために満洲事変が起きた。しかもこの満洲事変に対してアメリカとイギリスは共謀して国際連盟に働きかけ、満洲国の成立を認めようとせず、日本は国際連盟を脱退するに至った。このようなアメリカとイギリスのやり方に「つけあがり」（一一頁）、また共産党の抗日運動に載せられ、一九三七年七月に盧溝《ろこう》橋《きょう》で中国軍は日本軍に挑戦してきて支那事変が起こった。日本が国を挙げて「東亜新秩序の建設」（一一頁）に邁進《まいしん》しているのに、アメリカとイギリスの助けを受けた蔣介石は事変を長引かせようとしており、「これで日本は弱つてゆく一方だし、支那もまたいつそう動きのとれぬ苦しい状態」になる。そしてイギリスとアメリカは「いよ〳〵アジヤの地を思ふ存分に支配できるとほくそ笑んでゐたのである」（一一―一二頁）。

両国はＡＢＣＤ包囲線で日本を脅かす。その中で日本は外交努力を重ねて平和に解決しようとしたのだが、「たうてい我が国が立つてゆけないやうな勝手極まる話を押し通さうとした」（一三頁）。「これでは国民のたれ一人憤慨しないものはないはずである。靖国神社に神鎮まります多くの英霊のことを思ふだけでも、承知できる相談ではない。アメリカがイギリスと手を組んで、それほど日本に我慢のできない要求をして戦争をいどむならば、よし、いさぎよく一戦しよう。今こそ正義を貫く日本の力がどんなものであるかを思ひ知らせてやらう。国民の一人々々たれもかも、かういふおさへ切れない気持ちとなつた。このとき、畏《かしこ》くも米国及び英国に対する宣戦の大詔は渙発《かんぱつ》せられたのである」（一四頁）。

ここではアメリカとイギリスという強国、日本というアジアの新興国が二項対立で捉えられている。不正義の国と正義の国、惑わす国と惑わされない国、抑圧する国とされる国、攻撃する国と耐える国である。英米の誘惑に負けた国、耐えられなかった国が中国である。そうなってはならない。そして中国に代わって大陸を統治することが、アジア全体の利益にまで拡張される。そこでは中国に代わって日本が大陸を統治することは全面的な承認を受けていることが

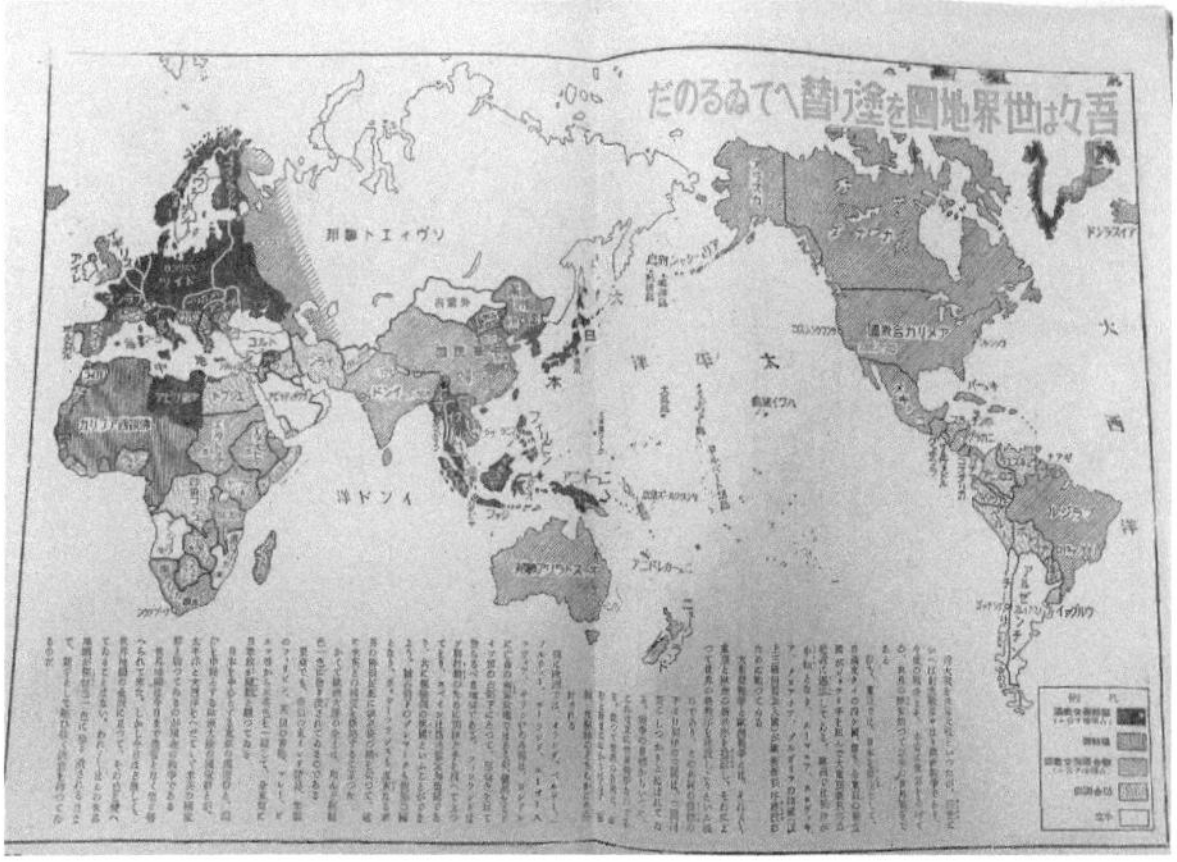

新体制の躍進を視覚的に表す地図

自明の理となっているのである。

この新秩序建設のために、第二次世界大戦、そして太平洋戦争が始められた。太平洋戦争開戦の一年後の『写真週報』（一九四二年一二月二日号）に掲載された「吾々は世界地図を塗り替へてゐるのだ」という記事は、日本を真ん中とする世界地図に、枢軸側交戦国（占領地を含む）、枢軸側、連合国側交戦国（占領地を含む）、連合国側、中立の国々を表している。「われわれ」の日本は枢軸側交戦国であり、地図では黒塗りで示されている。黒であるために読者の視線が集中しやすくなっている。枢軸側は満州国とすでに日本が占領し、傀儡政権を樹立した中国の一部、そしてフランス領インドシナである。

ヨーロッパに目を移せば、ヨーロッパ大陸のほとんどが枢軸国交戦国か枢軸側で塗られている。ここには雑誌編集者の意図が隠れている。

というのも、オランダ、ベルギー、ノルウェー、ポーランド、ユーゴスラヴィア、ギリシアの政権は「ロンドンに亡命の幽霊政権」（二三頁）であり、「厳然たるドイツ軍の占領下」で、「枢軸色を以《もつ》て塗らるべき地域」ということで、黒く塗られている。フィンランド、スペインは防共のために枢軸側に立ち、デンマークは占領され親独の政権ができている。ヴィシー・フランスも親独であり、こうしてヨーロッパ大陸は枢軸国によって占められるように見える。「大東亜戦争」と「欧州戦争」はともに「それによつて世界の新秩序を建設」（二二頁）する。記事は次のように締めくくられる。

世界地図は今日まで幾度となく塗り替へられて来た。しかし今日ほど激しく、世界地図の全面に亘《わた》つて、その色を変へてゐることはない。われ〳〵はこの世界地図が枢軸色一色に塗り潰《つぶ》される日まで、断乎《だんこ》として戦ひ抜く決意を持つてゐるのだ（二三頁）

新秩序建設を完遂するまで、そしてそれによって世界地図を書き換えるまで戦い抜く決意が示される。

二　支配領域の拡大と視覚のトリック

大躍進のイラスト

『写真週報』は太平洋戦争開戦から一年ほどまでと、それ以後の記事の内容に大きな違いがある。開戦から約一年までは日本軍が南方で上げた戦果を強調する記事が多いのに対して、それ以後は耐える、貯める、作る、そして報復することを強調する記事が圧倒的になる。これは開戦当初は戦闘で勝利を収め目に見える戦果が上げられたのに対して、以後は敗戦と撤退の連続で目に見える戦果が上げられず、逆に国民に対してさらなる生産への従事、それにともなう辛抱や、志願兵・徴兵のほか仇討《あだう》ちの覚悟を迫る必要が生じたからである。

開戦後、次々と日本が領土を獲得する様は、多様な視覚イメージで表現された。一つは敵国の兵力とその損失のイラストである。『アサヒグラフ』一九四一年一二月二五日号の「勝利の記録　米太平洋艦隊の全滅」においては戦艦の写真の横に「ハワイ海戦に燦《さん》たる大戦果（十二月十八日発表）」は米戦艦や巡洋艦などを横から描いたイラストに、「撃沈」「大破」を書き込む。しかも、撃沈した艦の上には「×」が記され、これらの戦艦が使用不可能であること、つまり戦力が失われたことを明示している。米艦隊だけでなく、イギリス、オーストラリア、オランダの海軍力が二八頁と二九頁に掲載された「太平洋上の敵海軍力」という記事で紹介されている。各国の保有する戦艦が絵で示され、撃沈されたものには×印が付けられている。アメリカの戦闘機もまた「撃墜破六百余機　太平洋上に躍つたありし日の敵機」という記事で写真が紹介された。

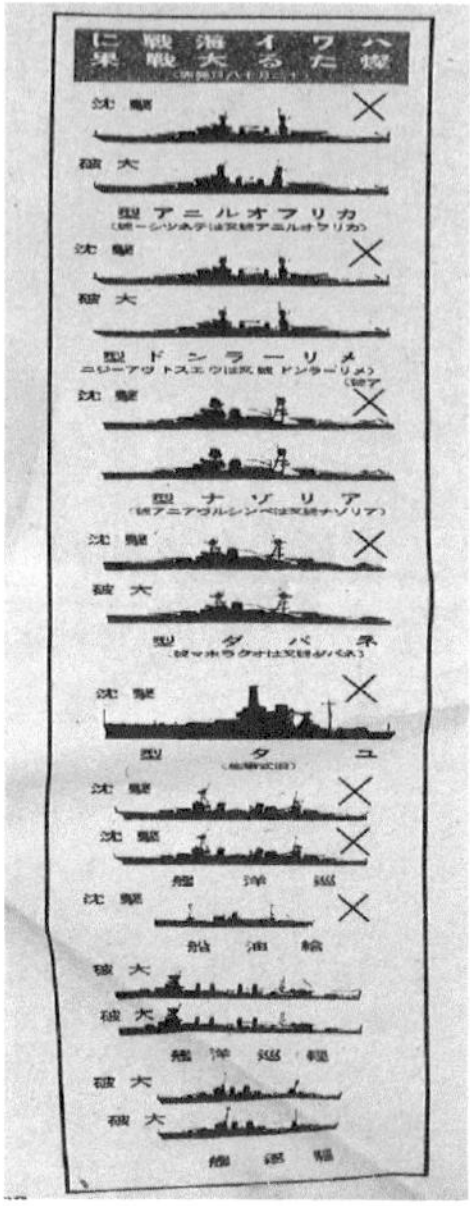

敵艦の軍事力損失の視覚化

『写真週報』一九四一年一二月二四日号は真珠湾攻撃、四二年一月二八日号は上空からの日本軍の攻撃に逃げ惑う「バタアン半島を敗走の米比軍」（二二―二三頁）の絵を置いている。一九四二年二月二五日号にはイギリスの東亜「侵略の拠点」であるシンガポールへ迫るため決死の覚悟でジョホールバルとシンガポールをつなぐ「水道」を強行突破する絵が掲載されている。上空には敵機の黒い影、そこから投下される爆弾をものともせず向こう岸へとわたる日本軍の勇ましさが強調されている。

『写真週報』一九四一年一二月一七日号には、開戦直前に「米英権益の番犬」アメリカ海兵隊が上海から「しっぽを巻いて上海港から脱《のが》れ去った」（七頁）ことを伝える。上海の中心街の写真の横には「米勢力は上海から駆逐せられたり」とある。この写真が撤退後のものかどうかは写真から判別できないが、その横に撤退する海兵隊のスナップショットを並べることで、大都市上海から敵を追い出したことを印象づけている。また、一九四一年一二月二四日号には、「あへなく降伏した」（六頁）アメリカ海軍軍艦の星条旗をおろし、銃剣を高く上げ勝利の咆哮《ほうこう》を上げる日本軍兵士の写真も掲載している。アメリカ、恐れるに足らずということだろうか。

日本の軍事力とアメリカ軍のダメージを表すイラスト

敵からの攻撃を受けながらも前進する日本軍
上のイラストと対照的である

上海からのアメリカ勢力撤退を示す記事

星条旗を掲げる日本軍の写真は、中国大陸での躍進を印象づける

「百年の永きに亘つて東亜を覆つてゐた妖雲《よううん》」（一九四二年一月七日号、一八頁）である香港のイギリス軍撃退は、イギリス軍兵士の投降と、香港市街を進む日本軍戦車の写真によって伝えられている。

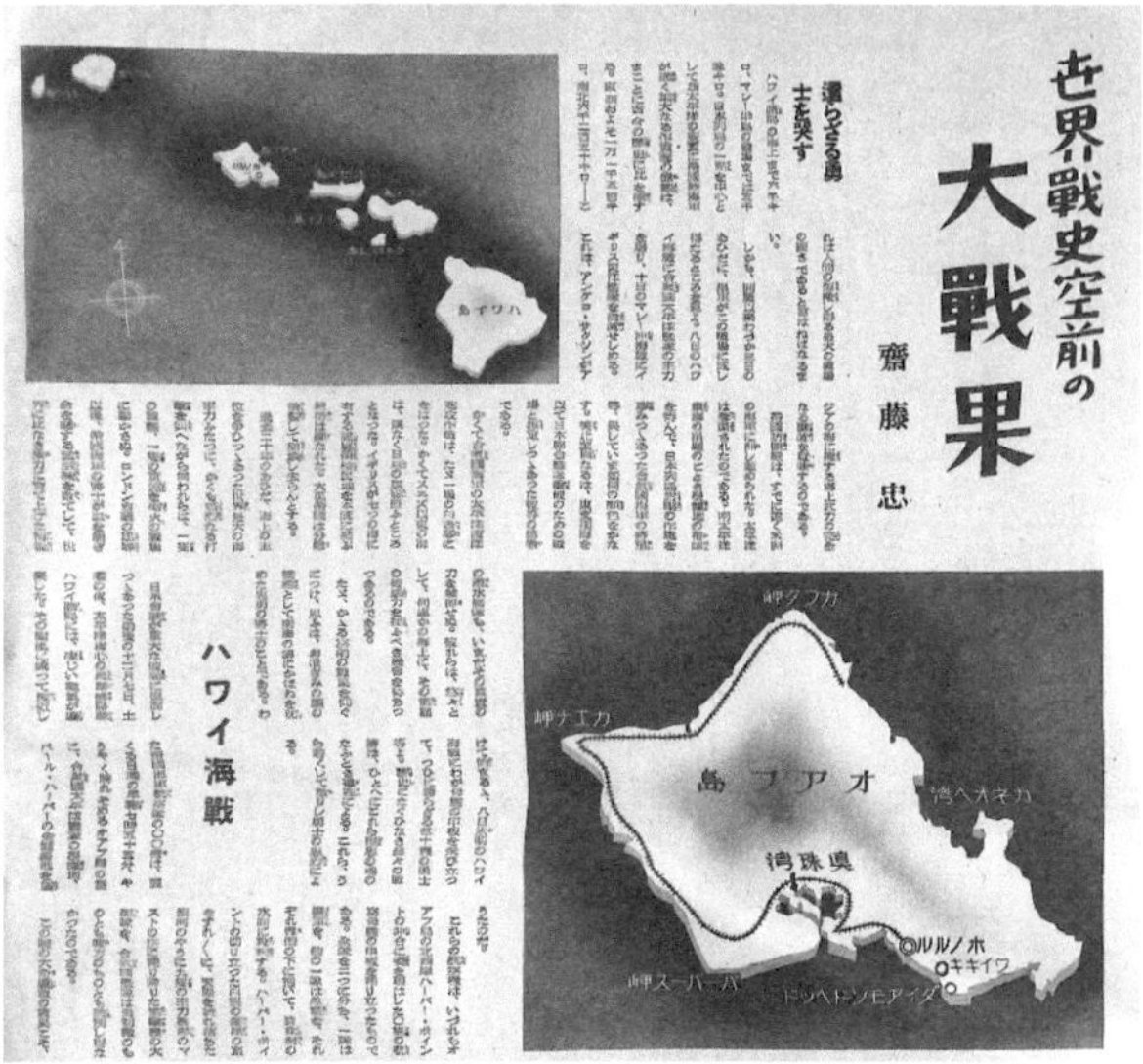

戦果は地図とともに語られることで読者により具体的なイメージを与える

大躍進の地図

地図はよりはっきりと大日本帝国の領土拡張を伝える。太平洋戦争の戦闘を解説する地図である。「世界戦史空前の大戦果」（『アサヒグラフ』一九四一年一二月二五日号）という記事は、ハワイ島、ルソン島、マレー半島、香港での戦闘を地図と写真で紹介している。地図は石油タンク、飛行場、放送局、重要地帯などを図示する。説明文で言及される地名や作戦の遂行過程を読者は視覚的にイメージすることができる。香港攻撃を紹介する鳥瞰図《ちょうかんず》は、「（引用者注：日本空軍が）啓徳飛行場を破壊、地上にチヤイナ・クリッパー機を炎上せしめ、十四機を爆砕大破し」、「山上に立てば、香港市街は、たゞ眼下にパノラマのやうに俯瞰《ふかん》される」（二七頁）と、やはり読者に具体的な戦況と支配下に置いた場所の風景を感得させる。九龍半島、啓徳飛行場はすでに日本軍の手にあることは、日章旗によって表現されている。その鳥瞰図の下には、「米英府の連絡拠点香港をめざして進撃するわが歩兵、機甲部隊の勇士」の写真四葉が掲載され、日本の猛進がいっそう演出されている。

香港を陥落させた日本軍のさらなる進行も地図化された。『写真週報』一九四二年二月四日号には「南へ！南へ！シンガポールはもう眼の前だ」（三頁）という見出しとともに、マレー半島の地図を掲載している。日本の支配下に入った都市には日本国旗が描かれ、もう少しでマレー半島の南端にあるシンガポールに到達する勢いにあることを伝えている。この号には陸軍宣伝班が撮影した、日本によって壊滅的な被害が与えられた英軍施設や兵器の写真が掲載されており、日本軍の戦力を誇示している。そのシンガポールの陥落は、シンガポールの地図の上に漫画が描かれることでも提示された。ジョホール水道の北側を包囲する日本軍、水道を渡り進撃する日本軍、シンガポールの北側には日章旗が翻っている。白旗を揚げ「オタスケ！」と降参し、「ドコヘニゲタライインカ」と混乱し、「ナゼモツトハヤクカウサンシナイノカ」と日本軍に問われると「ダマサレテキタノデス」と答える現地兵が描かれている。

こうした日本軍の躍進は太平洋の地図に集約される。すなわち、ハワイから始まり、パラオ、グアム、マニラなどで撃墜、拿捕《だほ》した戦艦や潜水艦の数が地図には書き込まれ、グアムは日本軍によって獲得されたことが日の丸によって示されている。日本を中心とした地図には日本からの距離を示す一〇〇〇キロごとの円が引かれ、日本が勝利を収め獲得した国や島は黒く塗られ日本国旗が描かれた地図も作成された（『写真週報』一九四二年一月七日号）。斜線は同盟国を示しており、日本が遠く離れた場所までその支配を拡大していることが表現されている。この地図は開戦後、戦局が悪化するまでしばしば『写真週報』に掲載されていた。

今や空を支配する「陸鷲」の「電撃的進撃」（『アサヒグラフ』一九四一年一二月二五日号、一四頁）は、敵国のかつての支配地域上空を飛ぶ写真によっても演出される。たとえば「わが陸

香港への進撃を伝える写真

マレー半島の進撃は写真と日の丸の描かれた地図で表現される

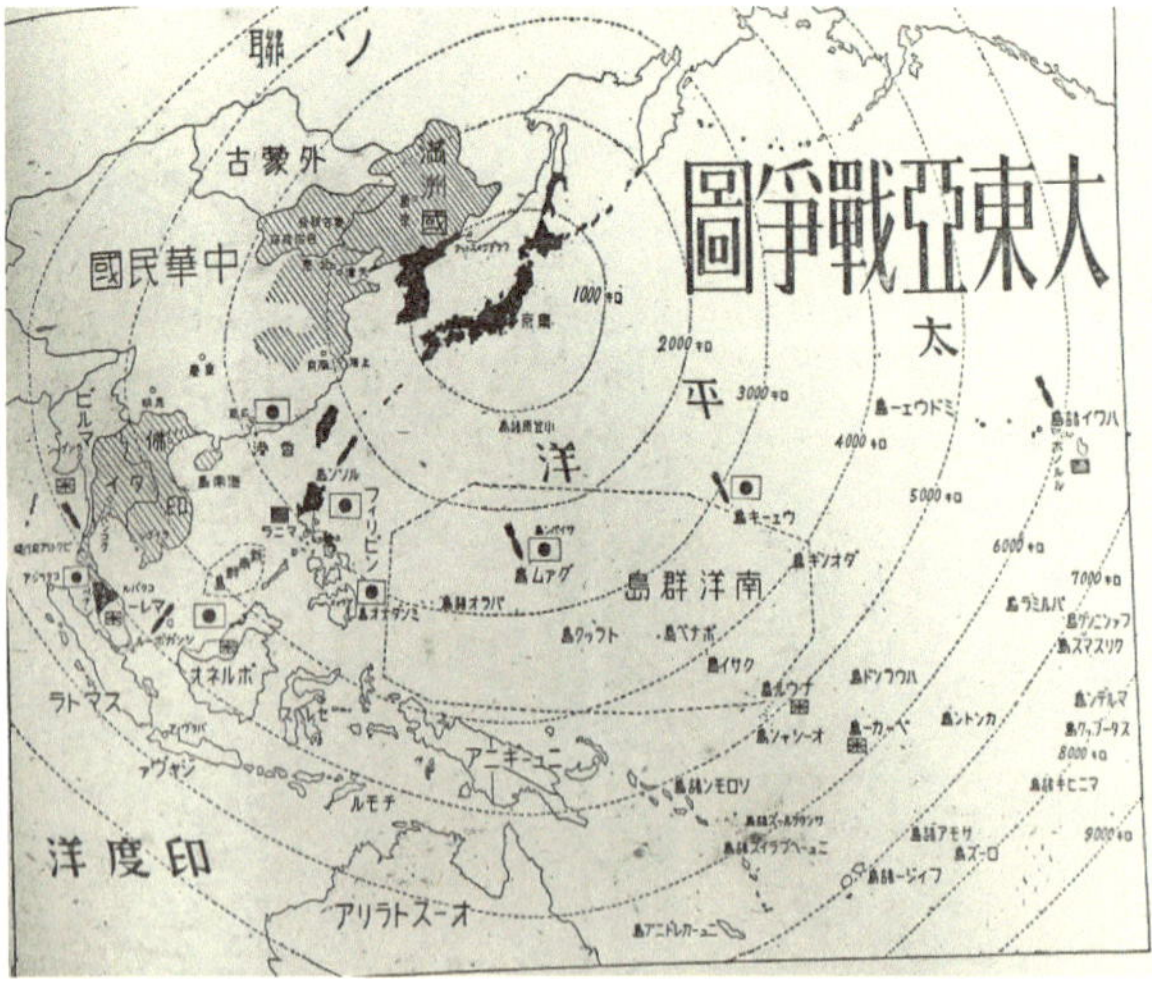

日本の戦果を示す地図。日本からの距離、
日本国旗、そして色によって表現されている

鷲の大編隊は、南の空を圧して、米・英が拠点と恃《たの》む要衝を片っ端から撃砕した」（一四頁）というキャプションは、熱帯の「南の空」を誰にも邪魔されずに飛行する日本軍機の写真に付されている。

敵の損害を見せる

『アサヒグラフ』（一九四一年一二月二五日号）の「勝利の記録　英東洋艦隊主力の全滅」という記事はこのプリンス・オブ・ウェールズへの攻撃を詳細に解説したものである。戦闘過程を物語る記事の詳細はここでは触れないが、この記事を開いたときに最初に目に飛び込む、戦艦を闊歩《かつぽ》するチャーチル英国首相の写真に注目したい。解説文には「チャーチルは、かつてルーズヴェルトとの洋上会談を行つた際、このプリンス・オブ・ウェールズに乗り込んで颯爽《さつそう》と大西洋に乗り出した。そして傲然《ごうぜん》と甲板を闊歩したものだつたが、彼等にとつて歴史的な洋上会談も、いまやプリンス・オブ・ウェールズの喪失と共に、敵なく昔の夢と化したのである」とある。すなわちこの写真は、英国と米国の過去の威厳を葬り去ると同時に、今後の戦闘においても同様の事態が両国に起こるであろうことをほのめかすのである。次のページには同じく撃沈されたレパルス号の在りし日の写真も掲載された。劇的な戦果はこの二艘の撃沈だけではない。これに続くのが「勝利の記録　米太平洋艦隊の全滅」という記事である。撃沈されたアリゾナ号、カリフォルニア号などの写真がやはり掲載されている。

甲板を歩くチャーチルの写真はイギリス軍の弱さを示す文章によって、正反対の意味が与えられる

アメリカとイギリスの指揮官を写真付きで紹介するのが「敗戦の将を語る」という記事である。「あの思ひ上つた米英」、「この対日包囲陣を指揮して、皇軍の威力を今こそ知つて、どぎもを抜かれた米英の軍司令官の横顔を覗《のぞ》くのも、また一興」（三三頁）というわけだ。ノックス米海軍長官、スターク米海軍作戦部長などのほか、解説文はないがマッカーサー・フィリピン島軍司令官の顔写真も掲載されている。彼らは「何《いず》れは敗戦責任を問はれることであらう」と記事が締めくくられるが、この四年後、マッカーサーが連合国軍司令官として日本にやって来ることは皮肉である。

嘘の躍進

日本軍は開戦時からしばらくの快進撃の後、太平洋にて激しい戦闘をアメリカおよびオーストラリアと繰り広げた。戦況は日本に不利な状態が続き、一九四二年末からガダルカナル島からの撤退が始まる。ただしこのような不利な状況が正確に国民へ伝えられることはなかった。

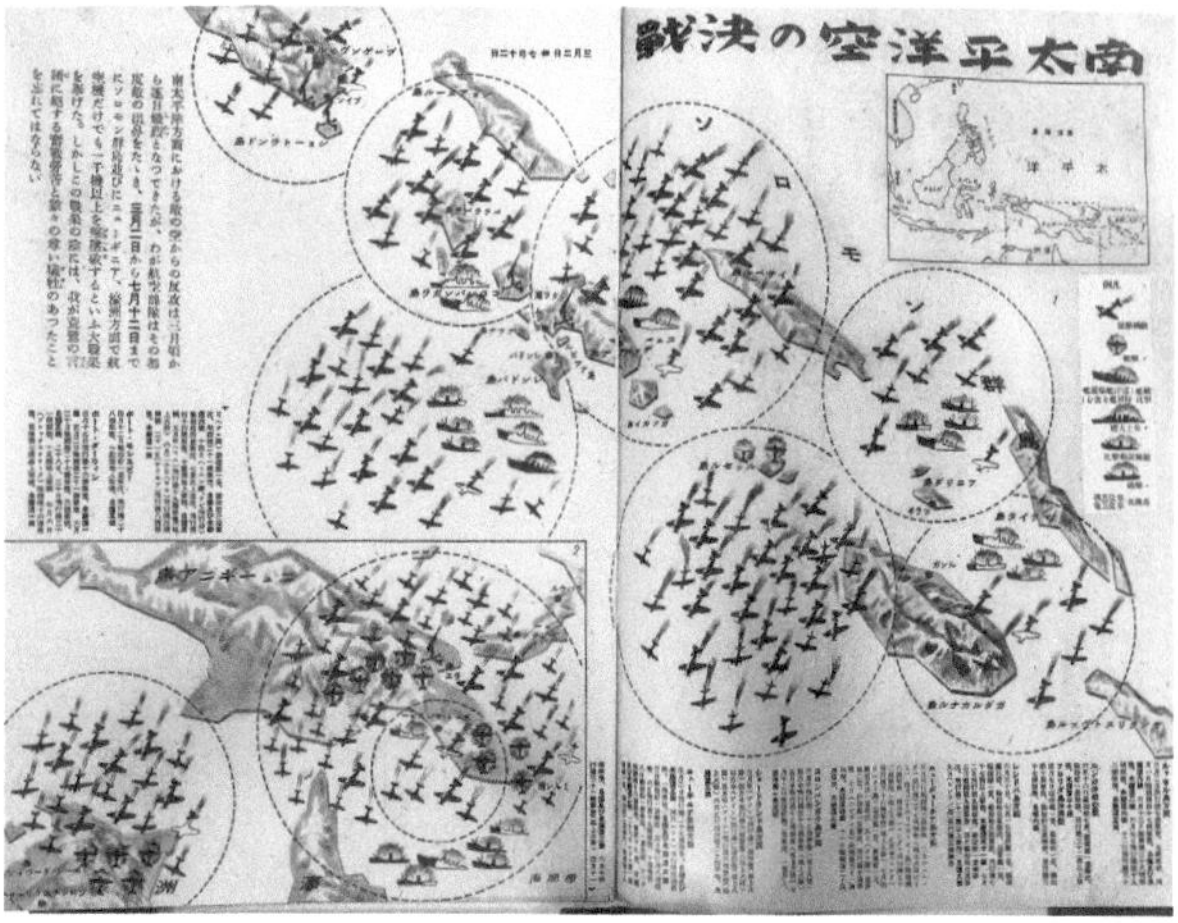

ソロモン島周辺の戦局を伝える地図は日本兵の損失を語らない

『写真週報』一九四三年七月二八日号は「南太平洋空の決戦」（四―五頁）として、この年の三月二日から七月一二日までのソロモン諸島周辺の戦局を地図で示している。この地域における敵国からの攻撃が三月ごろから熾烈《しれつ》を極めるようになったが、日本の航空部隊は「その都度敵の出鼻をたゝ」（五頁）いてきたと記事は言う。そしてこの地図が示す三月から七月までに「航空機だけでも一千機以上を撃墜破」するという「大戦果」を上げたとある。

　地図では敵の撃墜機、撃破機、撃沈艦、炎上大破艦、撃沈敵輸送船、撃破敵輸送船が、それぞれ五機、五隻単位で示されている。ガダルカナル島とイサベル島ではこれらの凡例が多く描かれており、激しい戦闘が繰り広げられたことを示す。またこの地図の周囲にはそれぞれの島周辺の戦闘で失われた日本軍の戦力が具体的に

神州日本は敵軍の攻撃に耐える

記されている。ただしこの具体的な数字が、本当の数字かどうかは不明である。こうした損失した兵力の提示は、すばらしい戦果の陰には「尊い犠牲」（五頁）があったことを意味している。

ただし、この二ページにわたる地図の上には、敵国の兵力損失だけが書き込まれていることに注意しておきたい。日本軍の兵力損失はこの地図上には示されないため、実際の戦況が自国有利なのか不利なのかは分からないからである。

戦局が悪化の一途を辿《たど》る時期、『写真週報』（一九四三年一一月三日号）は、久々にアジアの地図を掲載している（四頁）。しかしこの地図はこれまでの地図と決定的な違いがある。それは攻撃する日本ではなく、防御に耐える日本を象徴することである。太平洋、オーストラリア、インド洋、アラスカからそれぞれ敵の艦隊と飛行機が「大東亜」にやって来る。かつてはその占領地に日本国旗の印が付けられていたが、この地図は日本の太平洋側に大きな日本国旗が置かれ、そこからアジア地域に光線が放射状に伸びている。この光は「神州日本」の「光輝」（五頁）であり、大東亜帝国への日本皇室の恩恵である。

記事には連合国軍による対日総反攻計画が始まっているとある。その具体的な内容は不明だが、「英軍はインド、セイロンを作戦根拠地としてビルマ奪回を主目標」とし、「米軍は豪州を作戦根拠地として、現に遂行しつ、あるニューギニア、ソロモン戦に全力を集中し、比島の奪回を当面の目標としてゐる」（四頁）。本土に対する空襲も「とき〲」あるだろうとも言っている。記事も、そして日本政府も「今はその実現が如何《いか》なる程度のものであらうかに対し想像を逞《たくま》しうしてゐるべき時期ではない」（五頁）、つまり何も考えるなと言う。ただ最悪の場合を想定し、具体的な防衛策ではなく「徹底した覚悟、図太い肚《はら》」が必要だと、つまり徹底抗戦の覚悟だけが必要だと言うのである。「もう今は老いも若きも、男も女もない。一億すべて戦闘配置について、来らば来れで一億時宗《ときむね》の決意を以て、寄らば斬らんの構へで敵を徹底的に撃滅」（五頁）するのだと結ぶ。「時宗」とは元寇《げんこう》の役の将軍北条時宗であろう。しからば、もはや万策尽き「神風」を待つほかはないと言っているようなものだったのではないだろうか。こうして日本は抜け出すことのできない泥沼へと沈んでいった。

三　視覚文化としての軍事力

兵力の視覚性

『写真週報』一九四二年三月二五日号は、「大東亜戦争三ヶ月の大戦果」を図で示している。

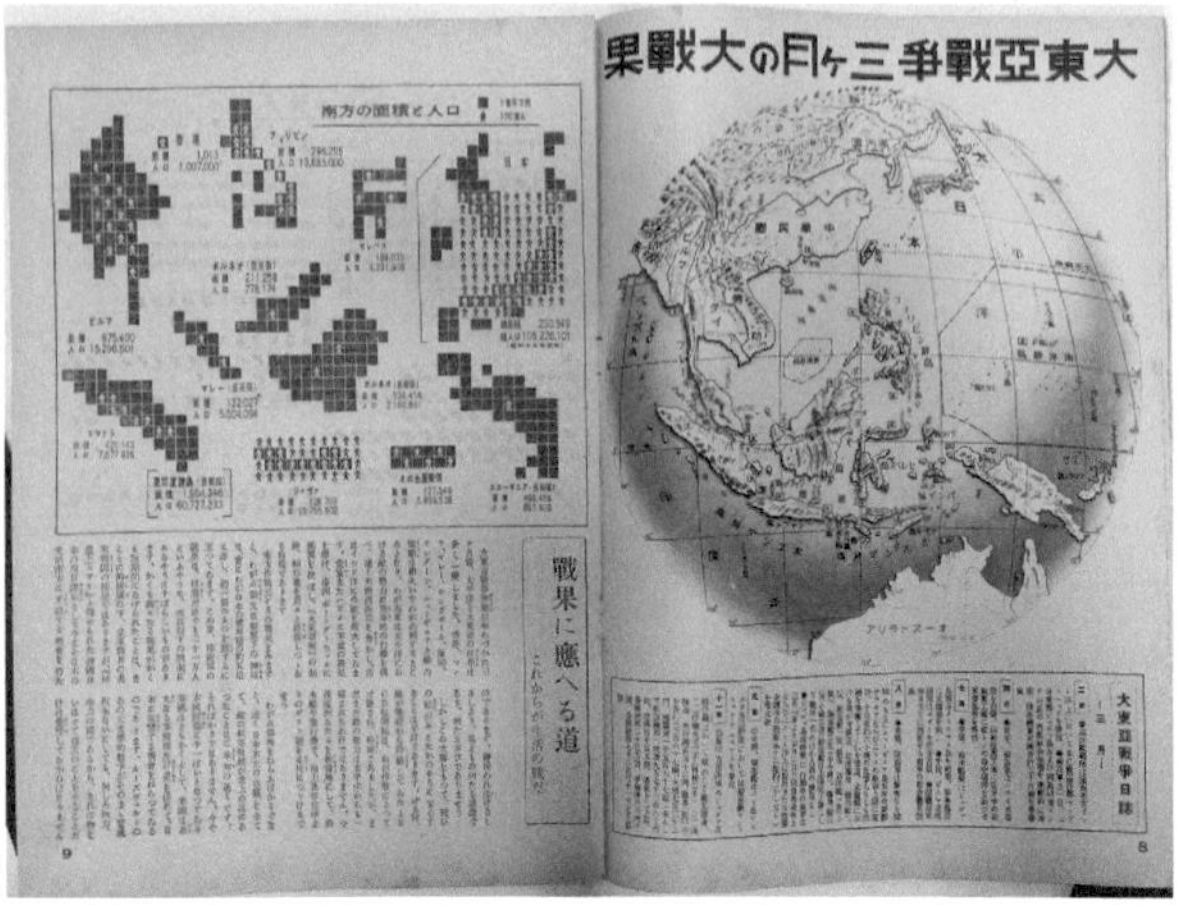

大東亜戦争初期の量的戦果を伝える図

地図はインドシナ半島、マレー半島からフィリピン、オランダ領インドシナ、ニューギニアからグアム島まで日本の支配にあることを日本国旗で示す。その横には人口と面積が人の絵と正方形によって提示され、「わが占領又は制圧下の地域は、実にわが日本の総面積の約五倍に達し、約一億の人口を擁するに至」（九頁）った状況が視覚的に理解できるようになっている。鹵《ろ》獲《かく》した兵器、捕虜数、撃破や墜落した敵機数、そして破沈没や拿捕などのダメージを与えられたアメリカ、イギリス、オーストラリアの海軍兵力もすべて図示されている。

初期の南方での戦果は、上空からの落下傘部隊によってもたらされたことが『写真週報』で何度か報じられる。たとえば一九四二年三月四日号には上空に散らばる落下傘部隊の遠景が掲載されている。どんより垂れ込めた雲の下、地上に落ちていく落下傘は不気味な雰囲気を漂わせている。遠景からはどのように作戦を遂行するのか不明である。そのため、記事は落下傘部隊の練習風景も伝える。機体から飛び出し、パラシュートを開き、強い衝撃とともに接地するや否や戦闘態勢に入る一連の動作を写真で示すことで、練習とはいえ、兵士が体験する戦闘の緊張感を伝えている。

　太平洋戦争開戦から一年後、『写真週報』（一九四二年一二月二日号）は「大東亜戦争一周年記念号」を発行した。ここには日本軍の兵力の力強さが表れている。一部を紹介しよう。場所は不明だがずらりと整列した陸軍兵士の写真のキャプションには「帝国陸軍の眉宇《びう》に殉国の大文字をみる」とある。ヘルメットをかぶり背嚢《はいのう》を背負い、さらに銃剣を持つ兵士は、敵からカムフラージュするための草などを身体に付けている。それは戦地の緊張感を醸し出している。

落下傘部隊の訓練風景

少し高いところからカメラを構えたためか、ほとんどの兵士は伏し目がちだが、最前列の一人をはじめ幾人かがカメラを見つめている。兵士たちの目には力が込められており、口はきつく結ばれている。陸軍の殉国の意志を伝える。

　続く二ページには「帝国海軍は海と空に国難を睥睨《へいげい》す　わが航空母艦発着甲板上に待機する新鋭機」と題された写真三葉が置かれている。

日本軍の強さを兵士の表情が物語る

一番大きな写真には甲板で出番を待つ航空機群の横に、整備士とおぼしき人物一人が写されている。右下にはプロペラが回転し、左下には甲板から今まさに飛び立とうとする航空機の写真。つまり、つねに整備を怠ることなく、ひとたび敵機、敵艦を確認すれば最新鋭の飛行機で攻撃する準備ができていることを三枚の写真は示している。

同号はまた、開戦一年をどのように陸軍と海軍が過ごしてきたかを紹介する記事を置く。「このやうにして第二年を迎へた潜水戦隊」という記事は、「出《い》でては何物をも撃たずば止まない帝国潜水艦隊」の日常風景を写真とともに紹介する。右上には「赫々《かっかく》の武勲を語らず、基地に帰還した潜水艦乗組員」が「明日の出撃に備へて」（三四頁）体操する写真が置かれる。上半身裸で列をなし一糸乱れず体操をする様子

海鷲の戦力の視覚化

体操する兵士、砲撃する兵士、出航する兵士

は、健康な心身が団結し、国のために戦っていることを物言わずに語りかける。母艦から離れる潜水艦とそれを見送る風景を高所から撮影した写真は、手前に母艦、遠方に出発する潜水艦を捉えている。両艦の甲板には人が出て来て手を振る。キャプションには「獲物は何ぞ！　戦友に送られ、わが潜水艦は母艦を離れて堂々と出撃する」（三四頁）とあり、同胞に見送られながら敵艦を駆逐する兵士の勇ましさを写真は伝える。敵は突如として現れる。「敵商船現はる！　わが潜水艦は砲撃戦を開始する」と解説文が付された写真は、夜に商船を砲撃する兵士たちを写したものである。大砲を操作する三人、その横に砲弾を持って立つ一人、そして大砲の横では砲撃の指揮をする上官。整然と作業をする様子である。上方からかなり明るいライトが当てられ、相手が商船だからなのだろうか兵士たちはかなり落ち着いており、戦闘の混乱はまったく見られない。大砲の向こう側には座り込む男たちも小さく写っている。写真撮影のために撮られた写真、あるいは練習風景の写真かも知れないが、いずれにしても帝国海軍が戦う様子を読者に届ける。

次の見開き二ページにはフィリピンの陸軍部隊の写真四葉が置かれ「敵が徒《いたず》らに呼号する奪回の夢をたち、常に新らしい進撃への態勢を整へて日夜猛訓練を続けてゐる皇軍将兵」（三六頁）の努力を伝える。「やけつくやうな炎熱」の中で、熱帯植物の下、銃創術の訓練をする兵士、射撃演習、汗をにじませながら敵に照準を合わせて動かない兵士、深夜もかかわらず警備に就く「皇軍勇士」（三七頁）。これらを見ることで「われわれはさらに兵隊さんの御苦労を偲《しの》び、

左／陸鷲の新鋭機は日本軍の躍進を約束する
右／フィリピンでの陸軍

勝ち抜く第二年目への覚悟を固めねばな」（三六頁）らないのである。

『写真週報』（一九四三年九月二九日号）では「世界に誇る陸軍三新鋭機」（六―七頁）として呑龍《どんりゅう》、鍾馗《しょうき》、新司令部偵察機が写真とともに解説されている。呑龍が地上にずらっと並ぶ写真は、これまでの陸軍爆撃機に比べて「あらゆる点で格段に優れ」（七頁）るこの新鋭機が、航空戦をリードするに足る力強さを有していることを印象づけている。

陸軍航空本部陸軍少佐によると、航空戦力は乗員の質、乗員の数、飛行機の質、飛行機の数の四つを掛け合わせた総量で決まる。乗員の質をどう数値化して掛け合わせるのか不明だが、とにかく、乗員の質では「絶対に我が方が優れて」（七頁）おり、乗員の数はこれから「わが青少年諸君がつゞいてくれる限り」問題なく、

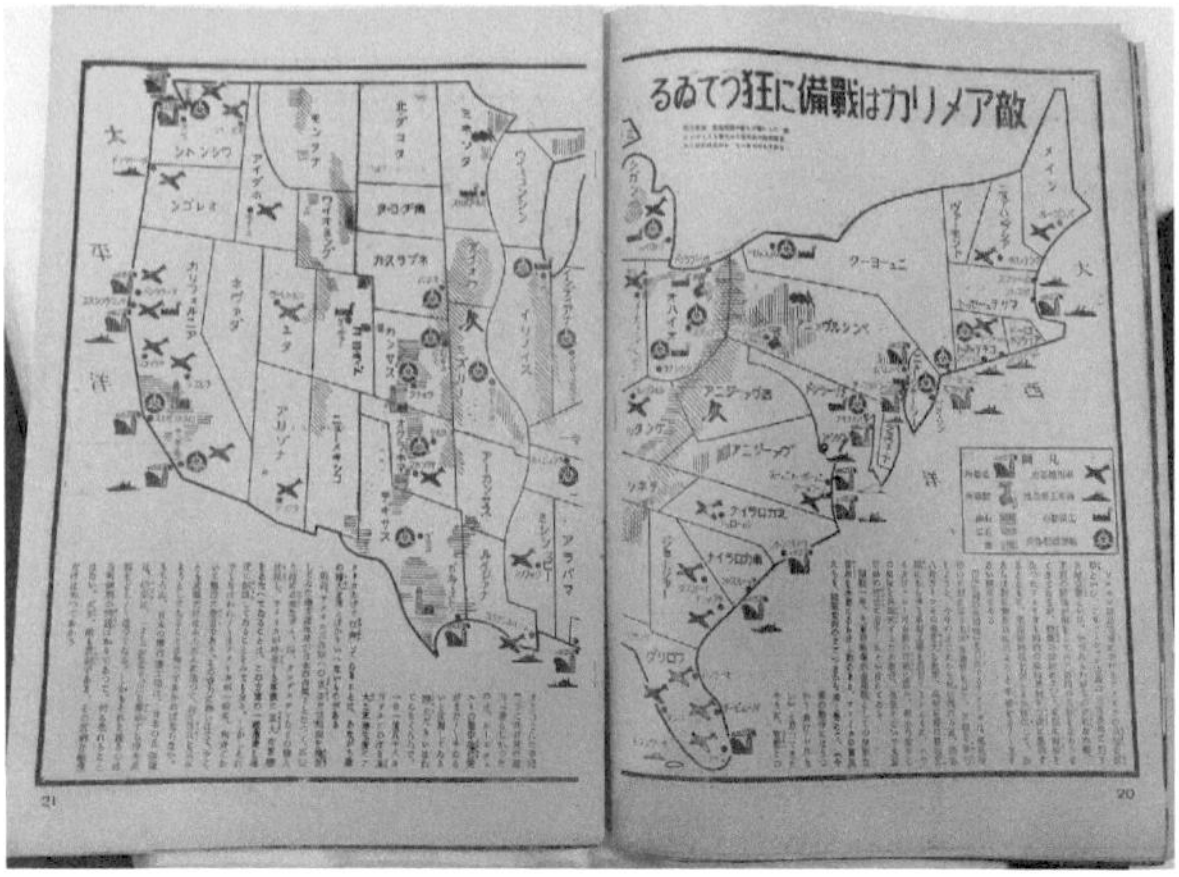

アメリカの戦力を地図で視覚化する

飛行機の質も問題ない。したがって問題は飛行機の数となるのであり、「生産力の飛躍的増強に全力を振はねばならない」（七頁）。そこで強調されるのは、直接生産に関わらないとしても、貯蓄、節電、衣料や食糧の節約が間接的に役立つということである。「一億の総奮起」が求められるのである。

ちなみに、この号の出版の翌月に学徒出陣が命じられる。この文章内で青少年諸君が続くとあるのは、このような若者の動員体制を意味している。

敵の兵力を見る

太平洋戦争開戦後、敵国はどのような軍事力を保持しているのか。一九四二年一二月二日号の『写真週報』には「敵アメリカは戦備に狂つてゐる」として、アメリカ国内の基地と戦力を地図に表現している。ハワイを欠くこのアメリカ本土の地図には軍用機基地、海軍主要基地、工業都市、航空機製作所、造船所、製鉄所、石油、石炭、鉄が記されている。太平洋と大西洋の両方に敵を抱えるアメリカには、東西両岸に軍用機基地と海軍主要基地、そして造船所があり、中部に航空機製作所があることが分かる。

記事のタイトルに「狂つてゐる」、文中には「厖大《ぼうだい》な軍需生産にアメリカあげて狂奔してゐる」（二一頁）とある。つまり、それまで余裕綽々《しゃくしゃく》だったアメリカが、日本の快進撃を目の当たりにして「『今度の戦争にはうつかり負けられない』」（二〇頁）と死にものぐるいであることを伝えるのである。それほどまでに日本の快進撃がアメリカに衝撃を与えているということを読者に伝えることで、日本の軍事力の強大さに対する誇りを喚起する。

記事には次のようにある。「戦前、アメリカ兵器廠《しょう》への重要な供給源を担当してゐた南方諸地域が日本の占領下となつて、軍需生産に必要なゴム、錫《すず》、ダングステンなどの輸入途絶し、アメリカが呼号する軍拡に重大な影響をあたへてゐる」（二一頁）。しかしアメリカは物資が豊富であり、「その資力に物いはせて、少くとも武器だけはふんだんに造つて、我に反攻を試みようとしてゐる」（二一頁）。つまり、金も物資も豊富でものを作ることだけはできるというわけだ。それに対して日本は東南アジアを支配するようになったとはいえ、アメリカに比べれば物資も資金も、そして人口も少ない。このような物的な劣位を補うのが「技術」である。日本の飛行機工場、兵器廠、ドックは「一よく二に当り、三を撃破する優秀兵器をどし〳〵造つてゐる。しかもそれを操るのは百戦錬磨の精鋭ばかり」（二一頁）なのである。日本の技術力の賞賛は、その精神性の高さや日本人の優秀性と表裏を成している。

敵機を見る

第二次世界大戦では、それまでの地上戦や海上戦に増して、「今日の戦争において航空兵力が主兵力的地位に上り、大なる機動力と攻撃力とをもつて制海権に先んずる制空権を握るに至つた」（『写真週報』一九四三年五月二六日号、三頁）とあるように、航空機による空戦が重要になっていた。そのため、太平洋戦争下の日本では航空機の質とともに量の重要性がたびたび唱えられた。

敵国であるアメリカやイギリスの航空機が中国大陸にも配備されていることは、太平洋戦争開戦前にすでにさまざまなメディアで伝えられていた。たとえば、日本旅行文化協会が一九二四年に発刊した旅行雑誌『旅』（一九三七年一一月号）も、中国空軍が所有する飛行機とその戦力を分析した「脆弱《ぜいじやく》性を暴露した支那の空軍とその飛行機」という記事を掲載している。『旅』で写真付きで紹介されるのはDB—1、カーチス・ホークⅢ型、ノースロップ2E型など米国製の戦闘機である。記事によれば、一九三二年の第一次上海事変のときには、中国の航空部隊は陸上機七隊、水上機一隊、合計百機を保有するに過ぎず、飛行機の性能それ自体もたいしたことはなかった。そのため「その訓練、機数に於《おい》てわが陸、海空軍のそれに帰すべくもなく海軍空爆隊の杭州《こうしゅう》、蘇州《そしゅう》等の支那空軍根拠地の空爆敢行によつてその全部を撃滅してしまつたのである」（六二頁）。その後、蔣介石は空軍を急いで充実させるため三年計画を立て、写真で紹介されるような航空機をアメリカから購入した。カーチス・ホークⅢ型戦闘機やノースロップ2E型などの性能をもとに、敵の戦闘能力が説明される。

しかもこの戦闘機の購入に際して中国では、「航空救国」のスローガンのもと、富くじの販売や寄付が行われた。空軍拡張計画における「献納の熱」（六三頁）は軍用機九〇機以上をそろえた「彰寿航空隊」の編隊に至る。記事は「嘗《かつ》ての日支事変に空襲の如何に恐るべきかを、又軍事上如何に重要なるかを認識し、国民政府の空軍拡張計画によき協力を惜しまなかつたのは、敵ながら感ずべきである」（六八頁）と、中国の国民挙げての空軍整備を高く評価する。

ただし、このような高性能の最新戦闘機を購入したとしても、「真の訓練は上つ面を撫《な》でた如き形式的な教育、練習等ではない、肚の問題であるといふことをつく〴〵感じられる」（六三頁）とうわべだけの兵力充実では不十分であることが指摘される。というのも、せっかく自国空軍の充実のために献金したにもかかわらず、中国軍が上海の中国人を「盲爆」（六八頁）してしまったからである。それにより中国軍は「自国民にすら愛想《あいそ》をつかされた」。つまり、どんなに兵力を整え訓練したとしても、国民を守るべき精神性とでもいうべきものが備わっていなければ十分ではないというわけだ。「わが海空軍の訓練たるや、世界にその比を見ない猛烈なものである事実を忘れてはならぬ」（六三頁）と、日本軍が厳しい訓練を通して「肚」の

据わった飛行士を育てており、それが大きな差であることが説明されている

伸びゆく生産力

「肚」の据わった日本軍の保有する航空機は「荒鷲」と呼ばれた。当時は陸軍と海軍それぞれに飛行隊を持っていたため、それぞれ陸鷲、海鷲と略称された。

海鷲の力強さの量と質を表した写真を見てみよう。『写真週報』一九四三年五月二六日号には母艦から飛び立つのを待つ航空機の写真が掲載されている。この写真は「敵百の空母を呼号せば　我二百を以て応ぜん」という記事のタイトルとともに置かれている。手前の航空機の後ろには多数の航空機が控えており、圧倒的な航空機数を持つ印象を与えている。一方、横一列に並んで空を飛ぶ戦闘機の写真には「『何処へ逃げやがつたんだ』逃げまはる卑怯《ひきよう》な敵の艦隊、護送船団、或《ある》ひは基地を探つて哨戒機《しようかいき》は大空狭しと翼を張る」（一四頁）とある。明らかな合成写真ではあるが、一糸乱れぬ統率で敵を追い詰める航空機と飛行士の質を強調している。

敵の兵力に勝る兵力の数的優位を獲得するために、軍事産業への積極的な国民の編入が行われていった。まずは敵を倒す兵器の製造過程がどのように視覚的に示されたのかを見てみよう。『写真週報』（一九四二年一二月二日号）に掲載された一〇頁にわたる写真群は、皇軍の使用する兵器の製造過程を提示している。この写真はすでに述べた帝国海軍の力強さを告げる「帝国海軍は海と空に国難を睥睨する」に続いて掲載されたものであり、軍事力の生産の場へと読者

航空機の数的優位を伝える記事

兵器製造工場を見せる

を誘《いざな》うように仕掛けられている。

最初に置かれた灼熱《しゃくねつ》の炎が上がる製鉄製鋼所の写真は、日本の軍事産業の要《かなめ》である。こうして生産された鉄鋼によって、あらゆる軍事関連のものが製造されるからである。製鉄製鋼所の写真のあとには、「戦車の生産は無限軌道に乗つた」とキャプションが付された戦車製造の写真、「われ一艦を失はゞ二艦を建造せん」、「勝利の船は竜骨も高く冬空を裂く」、「軍用自動車広場を埋め尽くす」、そして最後に「戦時非常輸送に超強力機関車は車輪がつけられた」と機関車製造の写真と続く。鉄鋼製造を起点として次々と、「無限」に戦車、軍艦、自動車、機関車が作られていくような錯覚をこの一連の写真は印象づけていく。それは軍事的に伸びゆく日本国の象徴なのである。

生産の合理化

必要な量の労働力の、必要な生産部門への配置。一九四二年三月、国内経済の自給自足を促進するとともに、戦争で勝利を収めるための軍事生産力を増大させるために、政府は中小商工業者を整理統合し、彼らの転職、転業を断行した。『写真週報』(一九四二年四月一五日号)は、この中小商工業者の整理統合と職業転換がどのように進められていくのか解説している。パン屋から旋盤工、料理の見本づくりから仕上げ工へ見事に転業した二人のエピソードを紹介し、また「再出発」のための職業訓練所についても説明している。取り上げられるのは国民勤労訓

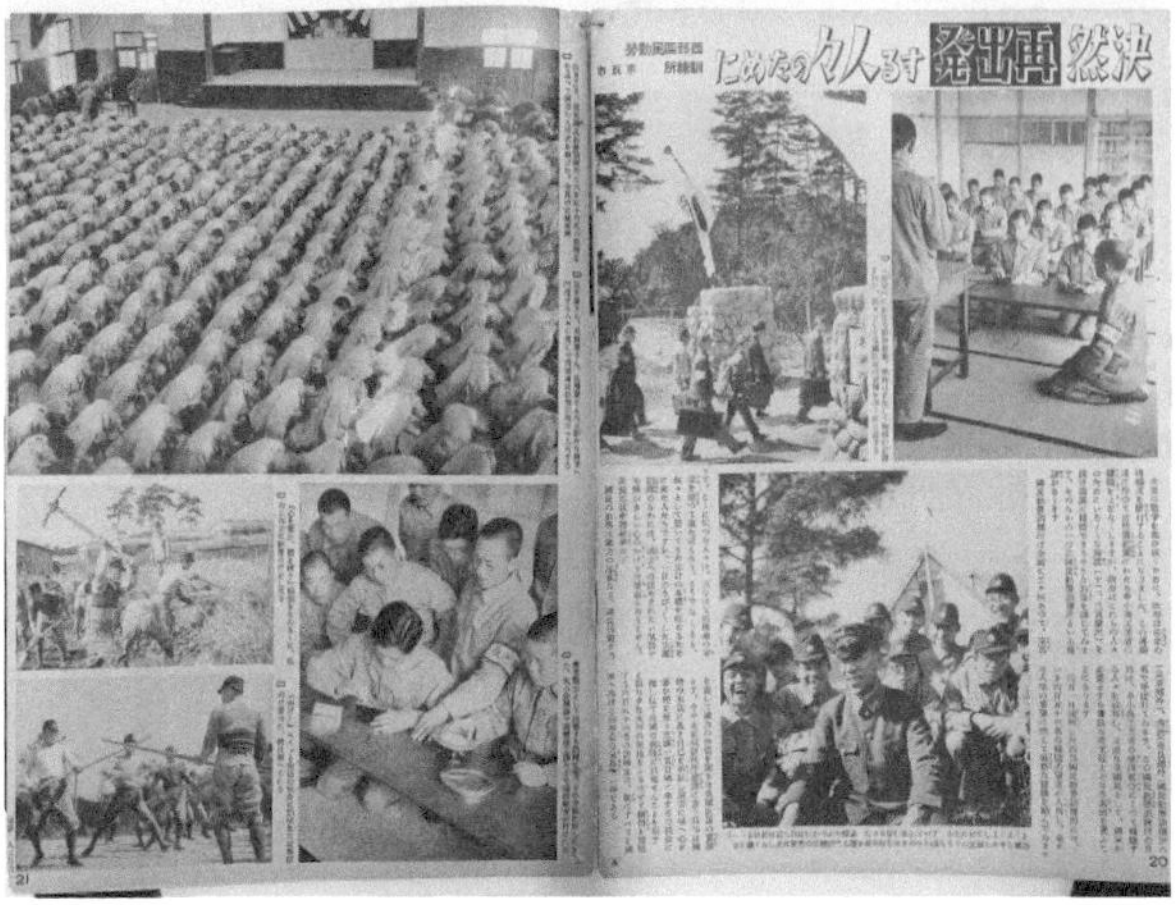
決然再出発する人々のために

中小商工業者の転職訓練を伝える

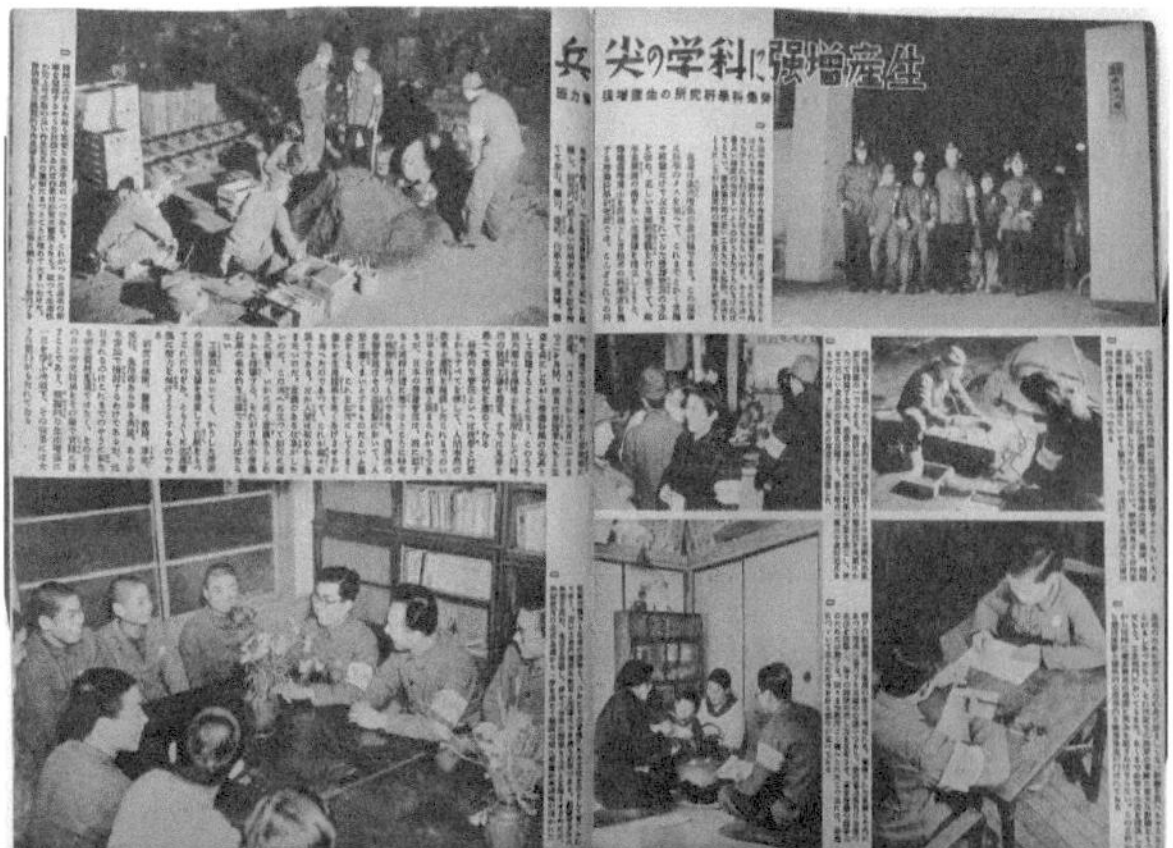
生産増強に科学の尖兵

「科学的見地」からの生産の場と家庭生活の合理化

練所で、「立派な皇国民として、国家が必要とする優良な産業戦士となる素地を養ふ」(二〇頁)ことを目的にしているという。その訓練所の生活が写真で紹介されるのだが、職業訓練を受けている風景の写真は一つもなく、精神修養、宮城遥拝《ようはい》、「心を養ひ、体を練り」(二一頁)ながらの農作業、そして「攻撃精神」を養う銃剣の訓練の写真が掲載されている。精神と身体の矯正が視覚イメージとして前面に押し出されているのだが、そこに悲壮感は漂っていない。むしろ「謹厳な中にも慈父のやうな温かみ」(二〇頁)がある教官を訓練生が囲んで笑う写真は、転業の先に「果《はて》しない」「希望」(二〇頁)があるのだと印象づけていくのである。

生産力増強のために、労働科学研究所では科学者を動員して「生産増強労研協力班」を組織した。科学的な見地から「常識や経験だけで左右されてゐた労務管理」(『写真週報』一九四三年二月二四日号、一八頁)を改善することが目的である。ただしいわゆる科学一辺倒の改善ではなく、日本的な特色があると記事は伝える。「理に即すると同時に道に徹する」(一九頁)ことがそれである。効率化を追求するのではなく、人間が本来持つ労働意欲を引き出すものだという主張である。それであれば、科学者を動員する理由は不明になるのだが、もちろんこの矛盾は記事で言及されない。ともあれ、どのようにして人間本来の労働意欲をこの組織は喚起していくのか。それを具体化するのが写真とキャプションなのである。

まず記事右上にはこの組織が横一列で出発する写真が置かれ、改善の始まりを告げる。彼らが指導するのは工場の照度、食堂で提供される食品の栄養管理、工場での工具の整理整頓《せいとん》、そして職場での健康診断である。指導員が指導し、それを受け入れる作業現場の写真が四枚配置されている。腕章を巻いた指導員と若い労働者が笑顔で談笑する写真には、「若い工員の適切な教育と指導は今日最も必要である」（一九頁）とある。写真はただ上から指導するのではなく、若者や現場の作業員の視点にまで下りていき、彼らの話に耳を傾けながらも優しく指導していくイメージを指導員にまとわせている。

もう一つ、この記事は家庭内での生産力向上についても写真とともに紹介している。家庭は休息の場であり、労研協力班は主婦の日常生活を指導する。時間の使い方を反省させ、家庭内の整理整頓を推奨するために、指導員が家庭訪問する写真には、母親と祖母と娘が登場する。彼女らの後ろには神棚と、出征した主人の安全を祈るお守りが写り込んでいる。「隅々まで順序よく整へられたこの家」（一八頁）は、銃後においても、女性もまた生産の合理化に貢献できることを伝えるのである。

生産の強要

『写真週報』一九四三年一一月二四日号の「時の立札」には

この手で造つた飛行機が
この眼で送つた荒鷲が

あの驚天の戦果をあげたのだ
われらは
戦場をにらんでまつしぐらに
　飛行機を造るのだ
　あの荒鷲につゞくのだ（二頁）

とあり、飛行機の製造が戦果につながることを伝える。この文言の左のページには「空の決戦相次ぐ」という言葉とともに、「世界を驚倒さす戦果をあげる」（三頁）海鷲の写真が掲載されている。生産を通じて国民は一つになるよう求められるのである。

一九四三年、「戦争遂行上非常に大切な仕事」（一一頁）に銃後の男性は国民徴用を受けるようになった。出頭命令が出れば、徴兵検査と同様の徴用検査を受け、合格すれば徴用令書を受けた上で業務に就く。それは「赤紙と同じ心で」（一〇頁）応じるべきものなのである。したがって写真は、赤紙を受けたのと同じように、徴用を受けたために神棚に祈り、町内会で見送りをする様子を伝える。どの顔も喜びに溢《あふ》れ、工場では徴用工が集まり笑顔で万歳をしている。

開拓する人びと

兵器の生産だけが軍事力に繋《つな》がるのではない。新たに獲得した領土における開拓と生産もま

満州開拓もまた「戦士」の仕事であった

た兵力増強の方策だった。その意味では、中国大陸進出の足がかりとしての一九三一年の満州事変は重要である。その後、この広大な大地の開拓は日本の国策会社を通して推し進められてきた。またこの地を訪れ開拓の様子を見学することは、一九三〇年代後半の海外旅行において重要なテーマともなった（森二〇一〇）。

その満州をより積極的に開拓する政策が、太平洋戦争開始後に推し進められる。一九四二年三月の政府による中小商工業の整理統合方針決定にともない、満州開拓団への転業も推奨されたのである。『写真週報』一九四二年四月一五日号は満州国上興発の開拓先遣隊を紹介する。記事「よくぞすてた算盤《そろばん》　沃野《よくや》が諸君を待つてゐる」は満州国帰農開拓団先遣隊の壮行会で岸信介商工大臣によって語られた演説を紹介する。一九三六年から三九年まで満州国で開拓事業に携わった岸はこの中で、満州建国の意義は「開拓問題について日本が成功するか否か」であり、もし開拓に成功しなかったら「満州建国の意義は、恐らく大半なくなつてしまふ」（一六頁）と語っている。これは逆に言えば、満州国は日本が作ったものであることを告白したものである。ともあれ、岸は満州が北辺の防護にとって重要であることを強調する。

満州国上興発の開拓先遣隊を紹介する記事では、見渡す限りの大地を耕す二人の男のひときわ大きな写真が掲載されている。「みはるかす大陸の沃野」で農業をすることは「土に生きる喜び」（一九頁）だと、この土地での労働に人びとを誘う。共同で土に手を加え、大地の形を変えていく。木材を背負う写真は「楽しい希望で重い木材も軽々」（一八頁）と解説されている。どの作業写真も大変さが滲《にじ》み出るのだが、悲惨さを感じさせることはない。自然の雄大さと人びとのたくましさを強調するこの写真には、自然の厳しさ、絶望する人びとが不在である。

四　寛大な解放者

助けを求めるアジア

支那事変と太平洋戦争が聖戦と称されたのは、それらがアジアの解放を目的に掲げていたからである。先に記した教学局発行の『大東亜戦争とわれら』（一九四二年）は、この戦争の目的を「東亜を安らかにし、世界に平和をもたらし、万邦（せかいのくにぐ〳〵）が各〻《おのおの》その所を得て、あひともに栄えゆくやうにすること」（二三頁）としている。欧米列強、とりわけイギリスとアメリカによって「東亜の諸民族は国土を奪われ、多数の住民たちの生活はおびやかされ」（五頁）ている。この窮状にあるアジアを守ること、それにより世界の平和を作り出すことは、「国の肇めからの大精神（肇国の大精神）、すなはち『八紘（あめのした）を掩ひて宇《いえ》と為す』（八紘為宇）の大精神に基づく」（二三頁）のであった。

この大義を掲げて開戦後一年のうちに、日本は南方を支配する。それは大東亜共栄圏の実現への大きな一歩であった。『大東亜戦争とわれら』には次のようにある。

すでに満洲国は輝かしい十年の発展をとげ、国民政府また支那において着々その基礎を固め、泰も仏印も我が国と親密な関係を結び、あひともに新秩序建設のため心から協力してゐる。さらに見よ、戦果に輝く南方諸地域は新生の光りに溢れ、マレーや昭南島、ビルマやフィリッピン・東印度諸島に響く建設の音が耳もと近く聞こえて来る。大東亜十億をこぞる力強い進軍は始まつたのだ。印度よ、濠洲よ、新しい東亜の建設に遅れるな。日本は大らかな胸を開いてあらゆる東亜の民衆と手をたづさへようと呼びかけてゐる。あゝ、この広大な大東亜の地域に、御稜威《みいつ》のもと正しい建設が行はれる。史上たぐひのない輝かしい大仕事を背負つて私どもは立ち上がつた（五四頁）

満州、タイ、フランス領インドシナ、マレー半島、シンガポール、ビルマ、フィリピンへと大東亜共栄圏が広がっていく様子は、「建設の音」と表現される。日本人はその音を力強さ、平和、手を携えるものとして聞いたのだろう。

しかしアジア救済の大義は「聖戦」のレトリックでもある。たとえば、『写真週報』一九四二年一月二八日号の「時の立札」には、日の丸とサーベルを両手に持ちヘルメットをかぶる少年の写真とともに次のように記されている。

前途は洋々と開けた
私達の子や孫は必ず豊かな生活が出来よう
しかし、それは子や孫への贈物であって、今すぐ、自分達のものにしようなどとは、お父さんのすることではない

開戦と快進撃によって豊かな生活が可能になってきているというのである。それは次世代の日本への贈り物なのだ。では開戦によってどのようなものが手に入るのだろうか。

大東亜の資源を見る

開戦から一年後の『写真週報』（一九四二年一二月二日号）を見よう。「大東亜占領地資源は

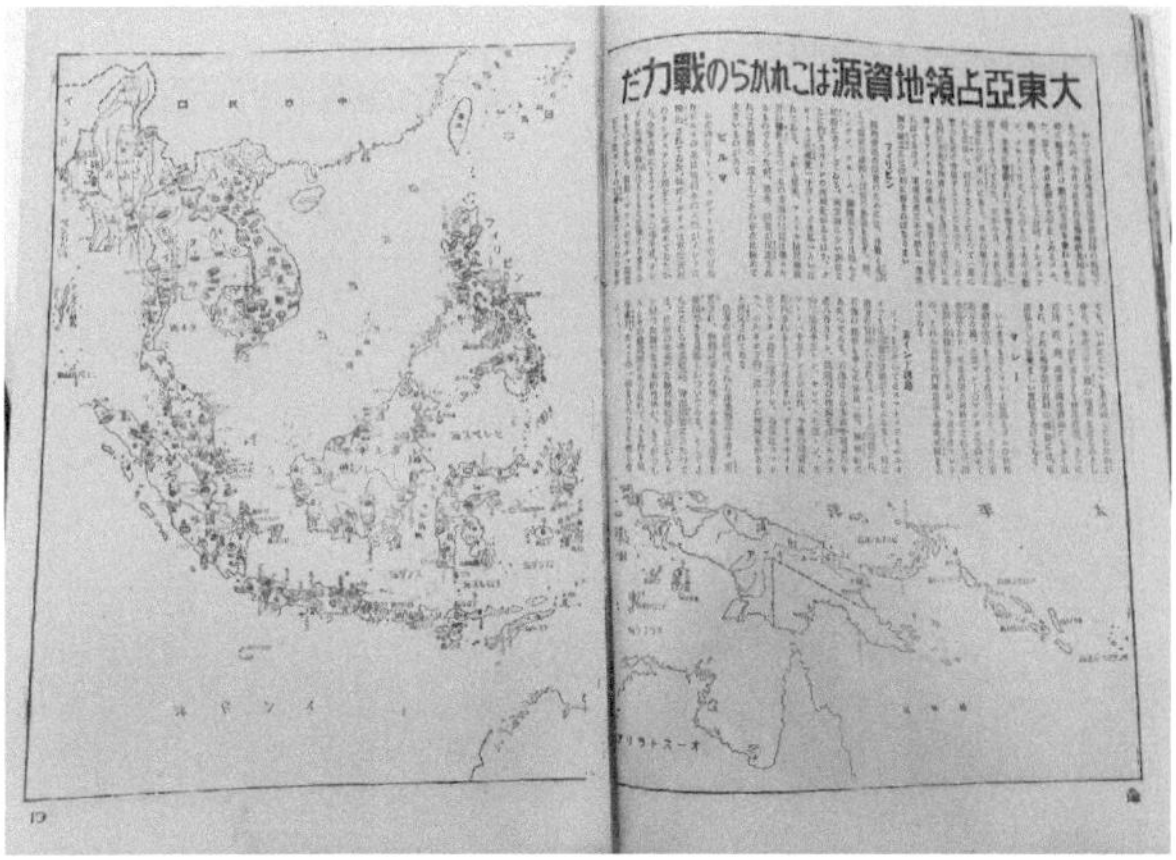

南方の天然資源の地図は植民地主義の野望を示す

これからの戦力だ」と題された左右見開きの記事は、天然資源の記号が書き込まれた「南洋」の地図をともなっている。この地図の中の台湾、当時の中華民国、香港、インドは空白である。

一方、フィリピン、東インド諸島、ビルマ、タイ、ニューギニアの領土には、石炭、ゴム、木材、綿、米、金、コショウ、石油、チーク、タバコ、鉛、スズ、コーヒー、牛、香料、麻、マンガン、鉄、硫黄、銅、銀からコプラまであらゆる資源が描き込まれている。

記事は次のように始まる。

かつて南方諸地域は皇軍最前線の戦場であつたが、今日ではそれは戦略的基地と同時に戦争遂行の動力的方面も兼ねそなへた。即ち、世界産額の大半をしめるゴム、錫、規那《きな》をはじめとして石油、タングステン、クロームなど、これらのもの丶大半は戦前、米英に壟断《ろうだん》されて軍需生産の重要な一面をうけもつてゐた。だが今日、それらは完全にわが掌中にある。日本の戦力はこれを確保し、利用することによつて一層の実力を更に増強することになつた。これと反対に厖大な物資と財力を誇つて過大に宣伝するアメリカの軍拡も、戦争が長期化すればするほど、軍需生産に不可欠な一部資源の欠乏には深刻に悩まねばなるまい（一八頁）

すなわち、日本軍の活躍によって手にしたこの地域にある資源は、現在の日本の軍事力にとって重要であること、長期化する戦争を支えることができること、それによってアメリカを凌《りよう》駕《が》する可能性のあることを説いている。

この文章の後には、フィリピン、ビルマ、マレー、東インド諸島それぞれにおける天然資源の特性が記される。重要なのは、日本による資源の採掘や開発の方法が、それまでの統治者であるアメリカやイギリスとは異なることを強調していることである。フィリピンでの銅やクロームの採掘については、「しかし従来、アメリカ植民地政策の犠牲となつてこの方面の開発は微々たるものであつたが、将来、開発が促進されれば共栄圏の一環としてその存在は極めて大きいものがある」、ビルマでは天然資源の獲得が「軍民協力して目覚ましい実績をあげてゐる」、東インド諸島では「従来の米英的な植民地経営とはがらりと変つた新たな日本的性格が、もうがつちりとその建設面にあらはれて、人も物も戦争遂行、たゞこの一線をひたむきに推し進ん

アジア統一の救世主的イメージをまとう日本

でゐる」（一八頁）と、日本の政策が現地の人と調和していることが説かれるのである。

アジヤ　ワ　ヒトツ

日本軍は、大東亜の救世主、そして再建者として振る舞った。太平洋戦争から一年後の『写真週報』（一九四三年一月一三日号）には「大東亜各地にあがる一周年記念の雄叫《おたけ》び」として、日本によって英米の支配から救い出されたアジアの喜びを伝える。左右見開き二ページの右上には、南国植物の間に浮かぶ「アジヤ　ワ　ヒトツ」という垂れ幕の写真が置かれている。これは空からアジア統一のために降りてきた天皇の恩恵を象徴的に表している。この写真には「今日こそ洽《あまね》く光被する皇恩に、アジアは一つの歓《よろこ》びを共にする誇りも高く」とあるからだ。『写真週報』（一九四二年三月二五日号）には

「今こそ日本の光が南方に光被する機会を得た」（九頁）ともある。マニラでは市民が日の丸を手に行進し、ジャカルタでは「ヨイコドモたち」が馬車で行進、シンガポールでは「現地人代表」（八頁）が忠霊塔に参拝して万歳を唱和し、ラングーンでは日本語学校ビルマ人生徒が市中行進する。フランス領インドシナでは町中に幕が張られ、広東や上海では集会が開かれる。そして新京では「五族の民」が「盟邦日本の輝かしい戦果を謳歌《おうか》した」（九頁）。こうした写真が掲載され、この戦争がアジアの統一を促進していることを強調しているのである。

『写真週報』一九四三年八月二五日号は、「アジヤ　ワ　ヒトツ」の意味が、「今では現地人に呑《の》みこめて来」（八頁）たため、彼らは協力を惜しまないのだという戦地の兵士からの手紙を伝えている。「人間なみの扱ひをしなかつた英国のやり方と違つて、現地人のためを考へて行ふ皇軍の温かい情に、現地人はすつかり心をうたれた」のである。やはり圧政からの救済者、解放者の役割が強調されている。

現地人は進んで手伝う。土地の開墾のため鍬《くわ》をかつぐマレー人たちの写真。土を運搬する写真。そして木に縄をかけて引っ張り倒す写真。そして仕事が終わって笑顔で手を挙げる写真には「まだ働きたりないやうな顔をした」（九頁）とある。これらは「命令」されたのではなく自分たちから進んで「協力したいと申出」（八頁）とある。ただし、どの写真でも日本人は指示するだけで、一緒に額に汗して働いていない。

兵士からの手紙は次のように締めくくられている。

大東亜建設のために開墾するマレー人

土を運搬する人びと。後方に指揮する日本兵が見える

皆さんが大人になつたときは、この人たちの兄さんとしてアジアを教へ導いてゆくのですから、しつかり勉強して立派な日本人になつて下さい。頼みますよ。ではまた（八―九頁）

日本人は「兄」であるとさらっと言ってのける。してみれば、彼らが働き、日本兵が指導するのは自明のことで、その主従関係を写真によって銃後の国民と確認しているのであろう。こうした考えは、戦時中の日本が植民地の発展に寄与したのだという現今の主張を下支えしている。

再建されるアジア

日本と連合国との戦争で焦土と化し、日本の支配下に入った「南方」は、日本の力によって力強く蘇《よみがえ》る。こうしてアジアの再建者としてのイメージが作られていくのである。

「焦土から起ち上つた比島セブ市」（『写真週報』一九四三年二月三日号）は、「暴虐米軍の憎むべき焦土戦術の犠牲となつてその大半を焼野原と化された」（一八頁）セブ市が、「皇軍の庇護《ひご》下に復帰した原住民達の懸命の努力と皇軍の指導」（一八頁）によって復興している様子を伝える。復興を喜び「市民達の表情も明るく、のびのびとした生活が営まれてゐる」（一八頁）。

右は警備隊兵士の訓練写真、左上は良民証を手渡す写真

記事の中央部に置かれたひときわ大きな写真は、市中で警備隊兵士が武道の訓練をしているのを、セブ市民が遠巻きに眺めているものである。キャプションには「市民達は今更ながら皇軍の偉大さに驚きの目をみはる」（一八頁）とあり、解放と復興をもたらした日本軍の武勲を市民が賞賛し、それを目にすることを喜んでいると印象づける。闘鶏を楽しむ市民、活気を取り戻す埠頭《ふとう》の写真は平和と復興ぶりを伝えている。しかし、この記事の左上の写真はこうした報道を実は混乱させる。警備兵が女性に、反日分子ではないことを証明する「良民証」を手渡す写真には、「市民の顔は明るい」（一九頁）とあるが、写真の中の彼女の表情は険しいのである。服装などから想像すると彼女は中華系であり、それゆえ検問を受けた上で良民証が手渡されている。彼女の緊張が伝わってくる。『写真週報』一九四三年二月一〇日号は昭南島の復興を伝えている。戦闘直後の写真と、一年後の写真を並べることで、シンガポールが昭南島として生まれ変わっていることが強調されている。貿易港としての能力を回復した港を視察する寺

内南方方面陸軍最高指揮官の写真は、「軍政部当局の指導の下」での復興と同時に、「激励をうけた現地人工員はあくまで建設戦を勝ち抜く決意を新たにした」（六頁）と、この視察によって鼓舞される現地人の様子まで伝える。

港だけでなく市内の様子も写真で紹介される。日本語で書かれた『昭南新聞』、大久保軍宣伝部長の訓示を受けて「文筆奉公」の決意を固める現地人の新聞記者の写真は、日本の統治における日本語化を素直に受け入れられていることを伝えている。町中の移動展には大勢の人が集まり、掲示物の内容に見入る。その内容は写真からはよく分からないが、おそらく写真とともに日本語で大東亜共栄圏の説明がなされているのではないかと思われる。日本によるシンガポールの解放と再生、そして多民族の統一は同記事内に配置された「華僑《かきょう》とマライの少女が仲よく並んで習字のお稽古《けいこ》」という写真においてさらに強調されている。異なる民族が並んで座り一つの硯《すずり》を使いながら、カタカナを書する。「おぼつかない発音ながら真剣に日本語を勉強する現地人の瞳《ひとみ》」には「盟主日本に対する限りない感謝と委《まか》せきつた信頼を汲《く》みとることができるだらう」（九頁）とある。日本語は多民族を協和させる強力なツールなのである。こうして日本は盟主であり、解放者であり、国の再建者であり、優しい統治者であると自負するのだ。

そもそもシンガポール陥落を告げる『写真週報』一九四二年二月二五日号にはシンガポールにはびこる英国支配の名残を「拠点」（二頁）とし、「同様の汚点が東亜人の心の中にも浸《し》み込まされてゐたら陥落を機会に眼に見えないシンガポールをも撃破しておかなくてはならない」

破壊から再生する昭南島

新聞の日本語化により、昭南島の情報統制も始まる。
左上の少女２人は多民族が日本語を介して協和することを伝える

とある。眼に見えない汚点を徹底的に破壊し、東亜の誇りを取り戻す。それを主導するのはやはり盟主日本なのである。

『写真週報』(一九四三年二月一七日号)ではビルマの復興ぶりを伝える。托鉢《たくはつ》する僧侶《そうりょ》、猿回し、バス停での一コマ、食事する人びとのほかに、道ばたにて日本語で買い物をする日本兵士の写真も掲載されている。さらに「建設一年　新マライの姿」(『写真週報』一九四三年二月二四日号)もまた日本の解放と統治の正当性を示すのである。

指導する日本

日本人は教育や近代的インフラの整備などによって植民地の近代化に貢献したのだというレトリックは現代においても用いられるが、それは戦時下において、視覚イメージを通してすでに用いられていた。たとえば、『写真週報』(一九四二年一二月二日号)「大東亜戦争一周年記念号」には、開戦後一年で、現地の人びとと共栄し、現地の社会に寄与する日本を表現する写真が多数収められている。それは日本が間違いなく共栄圏の盟主の道をまっすぐ歩んでいることを人びとに印象づけるために必要であった。

その名も「文字通り共栄の姿」と題された記事を見てみよう。見開き二ページの中央にこの記事の題字、上部に四枚、下部に二枚の写真が配置されている。ページを開いた瞬間に読者の目には「共栄」の題字が目に入り、それを取り囲む写真を次に見ることになるだろう。写真は

復興作業を通して、日本を中心とする「共栄」が
進むことを写真群は伝える

現地の住民が懸命に労働する場面を捉えたものばかりである。チモール島の波止場で「一生懸命荷役に従事してゐる現地の住民」（二六頁）、予防注射を打つ女性、フィリピンの鉄道復旧にいそしむ「現地住民の努力」（二六頁）、「敵が破壊して遺棄した貨車の修理に専念するビルマの技術者」（二七頁）、鉄工場で「元気一杯、協力のハンマーを振ふ」フィリピン工員、海軍航空隊基地で飛行場整備をする住民の写真が掲載されている。懸命に労働する姿は「新らしく皇恩に浴することになつた住民たち」が「心から皇軍将兵に協力し、最後まで建設戦を戦ひ抜」く様子として紹介されているのである。

　復旧する写真は六枚中二枚であり、これらはアメリカやイギリスによって破壊されたものの復旧である。また敵による破壊が一枚あり、アメリカやイギリスは破壊者、日本はその悪を追い払い、復旧作業を指導するものとして写真に収められている。たとえばフィリピンの鉄道復旧作業の写真には、指をさし作業をする現地人の向こうに指示を出す日本軍人の姿が確認できる。救世主としての日本軍は、この記事の導入文に次のように詩的に表現されている。

> わが海軍落下傘部隊のメナド奇襲の発表があつた当時、『空の神兵』と原住民にまつはる微笑ましい挿話が伝へられた。それは、久しい以前から住民の間に、われ〳〵は何時《いつ》か必ず解放される。その時は空から神兵が降りてくる……といふことが信ぜられてゐたといふのである（二五頁）

神の兵士として落下傘部隊が空から降りてきて、アジアに巣くう敵を追い払う。空からの救世主の皇軍。「米英のアジア撤退こそは、アジア全民族の永い間の念願であつた」（二七頁）のである。しかも日本軍は米英に代わって支配者として君臨するのでなく、あくまで「共栄」を目指す。現地の人びとを指導し、よい方向へ導く。「占領地の治安に全然不安がない」（二七頁）ほど、人びとは日本の躍進を歓迎し、日本人のように勤勉、勤労に変化していることを、この記事と写真は伝えるのである。

　もう一つ別の「やさしく手をとつて教へてくれる兵隊さん」という記事も日本の支配が現地の人びとを教育し、いわば近代化する様子を伝える。

現地人労働者を指揮する日本兵

やさしく手をとって
教へてくれる兵隊さん

やさしい指導者としての日本イメージ。左上の写真は
日本＝大人・男、アジア＝子ども・女のイメージの典型である

まず導入文を確認しておこう。次のように記されている。

働くこと、それは人間の中で最も下等に属する者たちのすることだ。ごらん、アメリカ人も、イギリス人も、オランダ人も自分たちはなにもしないで遊んでゐるではないか――自らを劣等視した南方住民のかうした観念はひと度、日本軍の占領下となるとがらりと一変した。『戦争にあんなに強かつた日本の兵隊さんは実によく、しかも喜んで働いてゐる……』今日では、懶者《なまけもの》だつたマレー人もフィリピン人も、やさしく手をとつて教へてくれる兵隊さんや軍政部の人たちのおかげで、働くことのよろこびが解るやうになつてきた。我々の合言葉である職場の真摯《しんし》敢闘はもう南方原住民たちにも建設のあらゆる方面に美しい協力となつてあらはれてゐる（三二頁）

この文章には、三つの立場が対比されている。植民地支配にあぐらをかいて何も働かない偉そうな欧米諸国、それを見て自分たちも働かなくてよいと考える無知な「南方原住民」、そしてどんなときにも一生懸命「喜んで」働く新しい支配者の日本人である。欧米諸国における植民地支配は失敗とされ、現地人を教育し、働く喜びを伝える日本による支配が正当化されていく。

右上の軍装のうえ刀を手にした日本兵が製塩技術を教える写真の解説文には「軍政部員がわ

ざ〳〵（傍点は引用者）こんな辺鄙《へんぴ》な地方まで出張して来て塩のつくり方を教へるスマトラ・メダン」とある。時計回りに、ラングーンでインド人に皮のなめし方を教える日本兵、マニラで「警察官のために文字通り手をとって」柔道を教える日本兵、マニラの自動車修理工場で修理技術を教える様子、昭南の病院で「現地の娘さん」に教える日本人看護師、ラングーンで「おいしいおまんぢゆうのこさへ方を軍で働く少女に教へる」日本兵の写真が並べられている。

どれも「わざわざ」日本人が現地の人びとに教える写真である。現地の人は喜んで教えを請う。彼らは受動的である。とくに左上の、ラングーンの少女の手を取る日本兵の写真は興味深い。この男性が親切心で少女に饅頭《まんじゆう》の作り方を教えているのかどうかは問題ではない。支配する年長の男性が支配される少女の手を取りほほえみ、少女もまたほほえむこの構図が重要なのだ。おそらく日本軍の下で働く彼女は、日本兵のために饅頭を作っている。従順で受動的で、日本のためにけなげに働く被支配者を優しく包み込む「愛」とでもいうべきものがここに表現されている。

ここでの問題は、それが誰のための労働なのかということである。働くのは「南方住民」であり、その労働は彼らの生活の質を向上させるのかも知れない。しかし、そこで生産されたものは最終的に誰の手に収まるのだろうか。南方の少女は饅頭を誰のために作るのだろうか。それは彼ら彼女らが本当に欲しているのだろうか。こうした問いの可能性が閉ざされている。もし彼らが喜んで働かなければ、労働を拒否したならば、いったい何が待っているのか。こうし

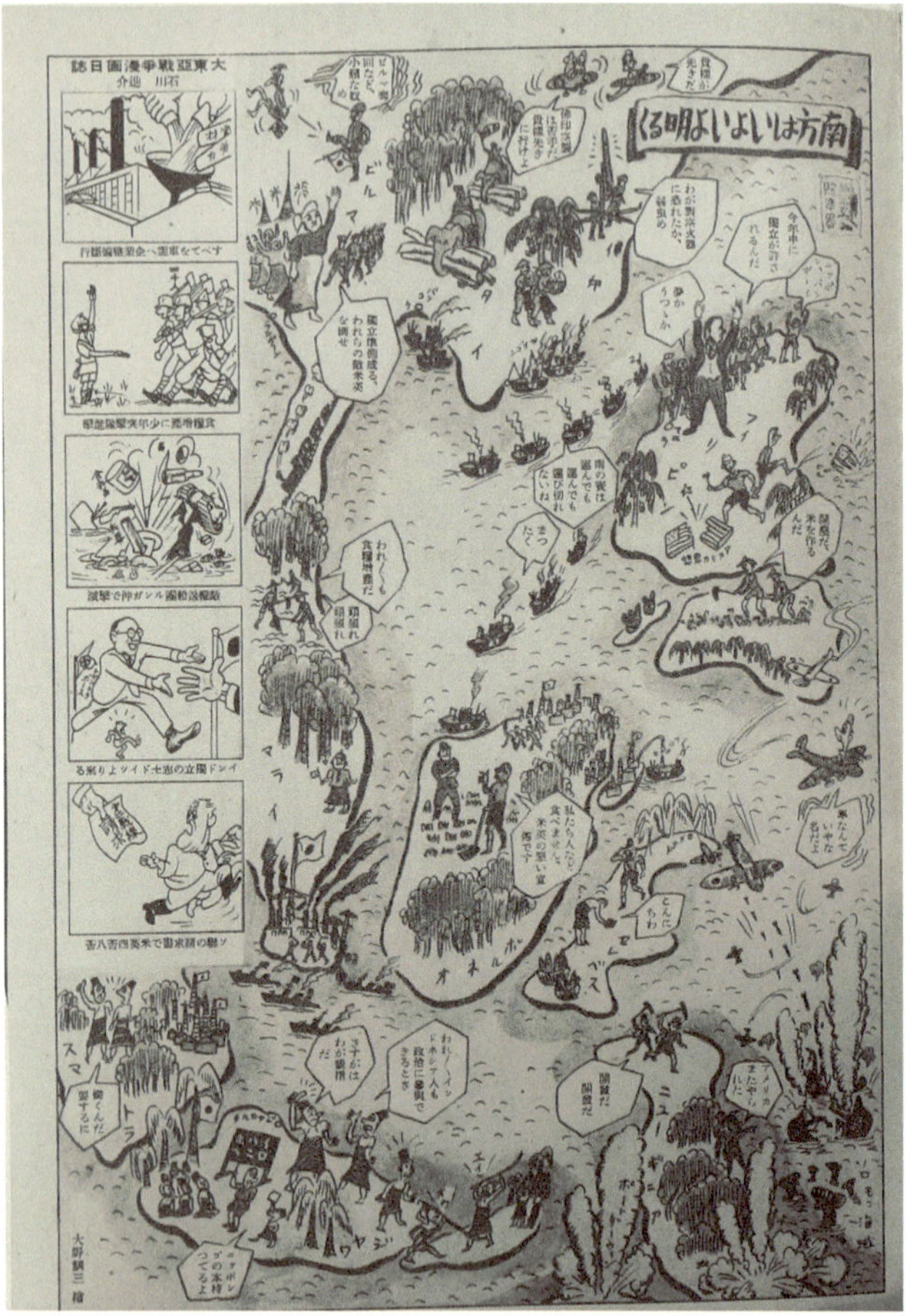

盟主としての日本により明るくなる南方を描いたイラスト。
中央に「南の宝」を運搬する船がある

た問いにも写真たちは語らない。

実現されていく大東亜共栄圏は、漫画でも表現された。「南方はいよいよ明るく」（『写真週報』一九四三年七月七日号、一九頁）は、日本によって解放された東南アジアを地図と漫画で示したものだ。フィリピンを舞台にアメリカ思想を金槌《かなづち》で壊し、「今年中に独立が許されるんだ」「ニッポン、バンザーイ」と叫ぶ人びと、また日本の食糧事情を改善するために土地を開墾し、米を作る農民が描かれている。フランス領インドシナでは上空をフランス軍が飛び回りながら、日本軍による対空ミサイルの威力を恐れている様子の漫画が描かれた。地上の日本軍は「わが対空火器に恐れたか、弱虫め」と叫ぶ。タイを通り越してビルマでは、イギリスを追い出し独立の熱に燃え上がるビルマ人の横で、日本軍がイギリス軍を「ビルマ奪回など、小癪《こしやく》な奴め」と蹴《け》り出している。そこから南に下ってマレー半島では、食糧増産に励む人びと、シンガポール周辺には煙が立ち上る工場が描かれる。

ボルネオ島では現地人が日本兵に「私たち人など食べません、米英の悪い宣伝です」と話しかけている。島の北辺では日の丸の付いた船が寄港している。隣のセレベス島では敬礼する日本兵に、帽子を取り「こんにちわ」とお辞儀する現地人。スマトラ島では二人が「働くんだ要するに」と話し、ジャワ島では「われ〳〵インドネシア人も政治に参与できるとさ」「さすがはわが親指だ」と話す横で、日本語を学ぶ子どもが「ニッポンゴの本持つてるよ」と話しかける。そしてニューギニアでは「開発だ開発だ」と話す二人の下に、隼《はやぶさ》により撃沈される米国戦艦を指さしながら「アメリカまたやられた」と叫ぶ二人。アメリカの航空機はしっぽを巻いて逃げている。

この地図では、敵を駆逐し、盟主で、「親指」(一九頁)の日本が主人公である。平和と独立を喜ぶ人たちを見守る日本、その日本のために食糧や資源を開発する現地人が描かれている。しかし日本の本音は、日の丸の輸送船の絵にこそ表れているのではないだろうか。船には吹き出しが付けられ「南の宝は運んでも運んでも運び切れないね」「まつたく」と記されている。南方は資源の宝の山であり、これこそ日本が欲するものだったのだ。

地図の左側には漫画家石川進介による『大東亜戦争漫画日誌』が置かれる。すべてを軍需へ企業整備断行、食糧増産に少年突撃隊進撃、敵輸送船団ルンガ沖で撃滅、印度独立の志士ドイツより来る、ソ連の請求書で米英四苦八苦、の五つの漫画は、やはり日本の軍事力、人とモノの資源地としてのアジア、そして米英の脆弱さを視覚的に表現するのである。

惨めな捕虜、寛大な日本

「こゝにくりひろげられた敗者たちの姿を見よ。そしてなぜ奴等がこんな姿になつたかをとくと考へて見よ」(七頁)。こう語りかけるのは『写真週報』一九四二年四月二九日号である。敗者とは連合国軍の俘虜《ふりよ》のことである。なぜこんな姿になったのか。それは世界の富者であり物質文明を誇り、「自由主義、個人主義を金科玉条とし、国家よりも妻子が大事であつた」(七頁）からである。しかしおごれる者久しからず。日本に敗れ、捕虜になった。「俘虜たちのあはれな姿」は、心を引き締め「あらゆる生活面から米英的毒素をとり切つて、神国の民たる姿になりきらねばならぬ」（七頁）ことを伝えるのである。

この記事では、香川県善通寺市に置かれた俘虜収容所の収容俘虜たちの顔写真や生活の一場面を紹介している。当時三八〇名を収容していたこの収容所の中から、アメリカ、イギリス、オーストラリアの海軍中佐、艦長、大尉から、グアム島総督まで八名の顔写真が名前や所属などとともに掲載されている。

また俘虜たちが笑顔で開墾する写真、将棋を指す写真は、日本により手厚く扱われていることを印象づける。護国神社に参詣《さんけい》し神殿に頭《こうべ》を垂れる写真と「神国日本の偉大さに打たれ、しみぐ〜と皇軍の強さを知る」（八頁）という解説文、日本人教官が前に立ち、俘虜たちに何かを教えている写真と「将校は週一回日本語を教へてもらふ。彼らの悪夢を拭《ぬぐ》つて、皇国の真髄をさとらしてやる」（八頁）という解説文、さらに問診を受ける写真と「どこが悪いのか—優しく問はれて、わがなさけに泣く」（八頁）という解説文は、日本が彼らに与え、教え、矯正しているのだと伝える。問診の写真で俘虜は泣いていないのに、解説文には「なさけに泣く」とあるのは「なさけ」を与える日本の精神的な勝利も強調する。その最たるものが、太平洋の地図を前にして日本の戦果を指さしながら見入る写真である。「戦況は大勢を決した。米英が大東亜を侵略したのが悪かつたのだ」（八頁）は、日本の正義の強さに圧倒されるイギリスとアメリカの姿の象徴である。

これらの写真は、俘虜たちに特定のポーズをとらせて撮影されたものだと思われる。とくに太平洋の地図に指さす俘虜の写真は明らかに作為的である。

一方、アメリカやイギリスの下で日本と戦った「現地人」たちには、適切な教育が施されて解放された。それを「比島人俘虜懐しの故郷へ」（『写真週報』一九四三年三月三日号、一七―一九頁）から見てみよう。記事は「懐しい収容所」をあとにしてそれぞれの故郷に帰るフィリピン人俘虜たちの写真から始まる。整列し、大きな混乱も起こさず出所するフィリピン人。クローズアップした別の写真に表れた彼らの顔には笑みがこぼれ、赦《ゆる》されて出所することへの喜びが表現されている。

俘虜の様子を紹介する記事

彼らは敵であったが、それは「悪鬼のやうな米英に追ひまはされて抗戦の銃をとつた」（一八頁）からである。彼らは「アメリカの物質文明に歪められた心、物、形」（一八頁）にとりつかれていたが、日本によるフィリピンの解放は彼らをして「アジアへ復帰」（一八頁）させたのである。ここで日本は一方的に与え、鼓舞する存在である。写真の中の彼らはつねに笑みをたたえる。婦人会が飲み物でもてなす写真では、「喜びは一層深い」（一八頁）。出所のときに

赦されて、暖かく見送られて帰郷するフィリピン人俘虜

は参謀長代理による「懇切な訓辞」に、整列して聴き入っている。彼らが列車に乗り込むと「サヨナラー、バンザイ」（一九頁）と叫び、指導官も駅まで見送り「彼らの前途を祝つてゐる」。

こうして解放されたかつての敵は、大東亜共栄圏への「復帰」が赦されていくのである。

五　戦う身体

荒鷲の身体

戦う兵士は日本の国力の源泉であり、その身体のイメージは積極的に利用されてきた。この戦う身体の例を、航空兵の視覚イメージから見てみたい。

『写真週報』一九四三年九月一五日号の表紙では敬礼する海軍航空隊練習生の写真の横に「お

父さん　お母さん　ボクも空へやつて下さい」と書かれている。九月二〇日の航空日にあわせ、航空隊の特集を組んだものだ。「飛機には飛機を以て、且つ量には量を以てこそ空の決戦には勝てる」（三頁）。そして「一機でも多く前線に送り、一人でも多く空に飛立つ。これこそ大詔畏《かしこ》み、われらが聖戦の完遂に邁進する至上の命令であり、最高の実践」（三頁）なのである。

一人でも多くの飛行士を得るため、若者たちの志願を募る。この号の裏表紙は航空局による乗員養成所への生徒募集広告である。おそらく教官であろう人物が手にメモを持ちながら柔らかな表情で指導し、それに静かに聴き入る操縦席の生徒がこの広告に描かれている。まだ学徒出陣の前であり、生徒の獲得のために優しく丁寧な指導のイメージを前面に押し出している。

なお、航空兵のイメージアップのために、この年、情報局は国民映画を二本製作している。陸軍航空本部監修「愛機南へ飛ぶ」（松竹映画）と海軍省後援「決戦の大空へ」（東宝映画）である。前者は、荒鷲を志す息子と航空機工場で働く母親の親子物語で、息子は陸軍の航空部隊に入って南方戦線で偵察の重大な任務に就く物語、後者は土浦海軍航空隊における少年航空兵の訓練と生活を明るく描いた物語である。

もちろん、明るいイメージだけでなく、航空兵になるために必要な健康な心身もまた『写真週報』のこの号では紹介されている。東京陸軍少年飛行兵学校の訓練の写真は「荒鷲になる頭と体を」（六頁）鍛える重要性を説く。「鍛へに鍛へた肉体が地上に空間に絶妙な姿態を描」（六頁）く。バランスと筋肉、そして仲間と協力する中で生まれる統一美。航空理論を理解す

左／航空機乗員募集の広告
右／『写真週報』（1943年9月15日号）の表紙

るための物理の時間では適切な姿勢を保ち教官の講義に聴き入る。徹底的な規律化が健全な心身を生み出し、それにより国家の兵力が増強されることが暗示されているのである。

飛行兵学校だけではなく、通信学校や航空整備学校で学ぶことも日本の航空力に貢献することが続く記事で説かれる。一三ページに置かれた「青少年諸君が空へ行く道はこれだけある」は、中等学校、国民学校を始点、陸海軍航空部隊、航空輸送事業、航空機工業を終点とした場合、どのような訓練所や養成所でどのようなことを学ぶ必要があるのか、視覚的に理解できるようチャート式で説明する。こうしてあらゆる青少年が「空」を舞台に国家へ貢献することができるとされたのであった。

少年諸君よ 空にいかう
諸君がつゞく限り
戰は斷じて
日本の勝だ
荒鷲になる頭と体を
東京陸軍少年飛行兵學校
陸軍少年飛行兵はかうして育てられる

航空兵の訓練の様子を伝える記事

厳寒の行軍

戦うと同時に護る身体も重要である。とりわけつかの間の「躍進」後の一九四二年末以降は、圧倒的な物量にものを言わせて攻め来る敵によって、引き起こされる帝国の境界線の撤退を押しとどめる兵士の身体は、耐える国家の象徴として利用されてきた。

『写真週報』一九四三年一月六日号の表紙は、「北辺」の護りをする関東軍兵士の背中を捉えた写真である。背嚢と銃とを背に、雪山用の特製ブーツを履き、ストックを持ち、辺り一面真っ白の中を行軍する。この厳しい寒さで黙々と護りに就く兵士の背中は、銃後の国民が正月に浮かれることを強く諫《いさ》めるのだ。

中をめくるとマイナス二六度と書かれた気温表示の写真。その上に置かれた見開き二ページにまたがるひときわ大きな写真は、この雪の中、銃を構えて警備する一人の兵士を鉄条網の向こうから撮影したものである。鉄条網を画面に入れ、無表情で佇《たたず》む兵士の写真は一人で警護に当たる孤独さを演出する。記事タイトル「はく息も凍てつく　北辺至厳の護り」の文字のレタリングは、凍っているようにデザインされている。今のところ「北辺」は静穏。しかし「敗勢挽回《ばんかい》に足掻《あが》く米英重慶は、あらゆる機会をとらへて日ソ両国の離間を策してゐる」（四頁）。それゆえ、この地の防衛は重要なのである。「いま酷寒の北の最前線に黙々として大東亜北辺の護りを固める将兵のあることを銘記」（四頁）し、感謝を捧《ささ》げる必要があるのだ。

　戦地の緊張感は、続く見開きに記される「お正月の休みはなし　○○防空隊」でも報じられる。敵機来襲に備えて望遠鏡をのぞき込む兵士たちを正面から捉えた写真、弾丸を磨く兵士、夜も寝ずに働く通信兵、そして寒空の下、夜も望遠鏡で監視を

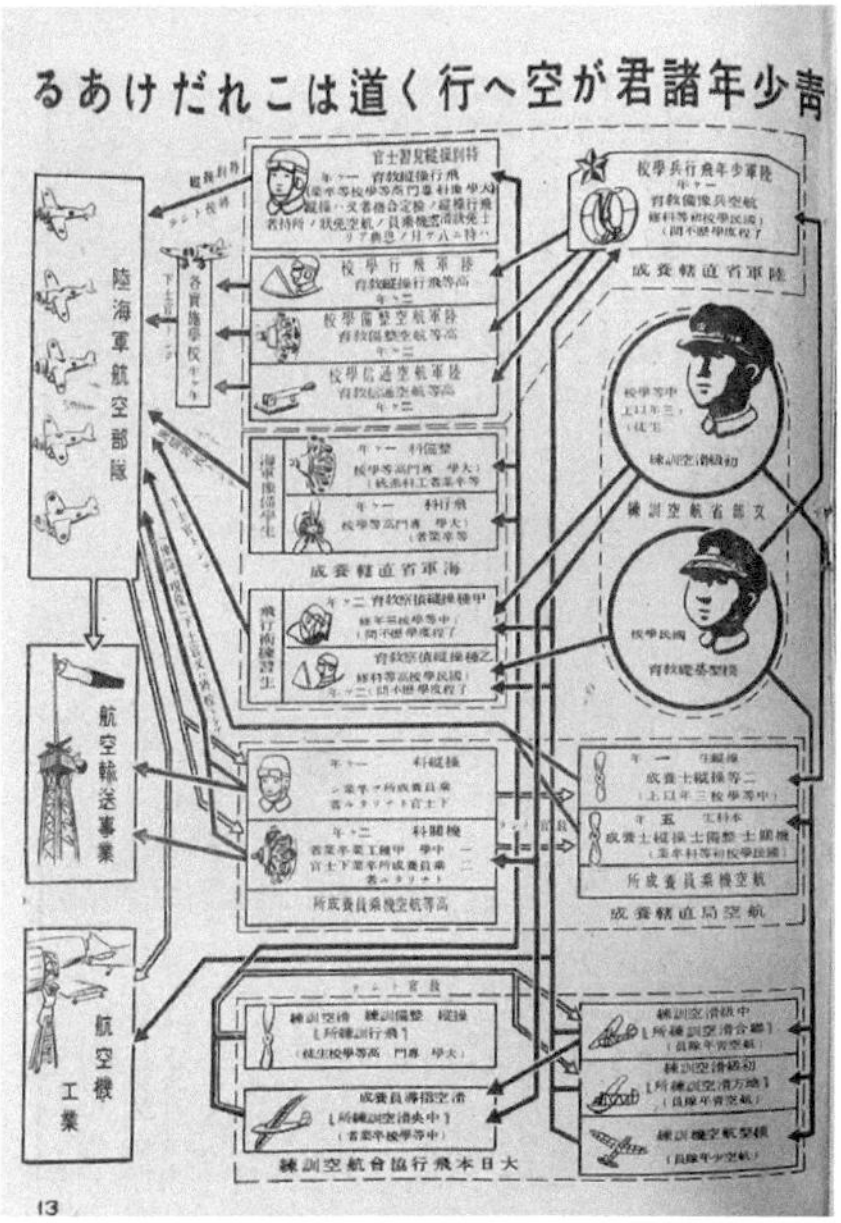

チャート式で日本軍の航空を支える方法を教える

『写真週報』1943年1月6日号の表紙

続ける兵士たち。彼らの顔に笑みはない。「警報は何時発令されるか、勿論《もちろん》予測できない」（七頁）からである。「屠蘇《とそ》の杯をあげて、新年の祝詞を述べ合ふ前に、この瞬間も、寒風に曝《さら》されながら、しつかと望遠鏡を握り冬空を見つめてゐる兵隊さんのことを想起」（八頁）し、感謝を捧げることがやはり必要となる。

学徒の身体

悪化する戦局と、激減する兵士数を補うために、徴兵制度が強められていった。旧制大学、高校、専門学校の学生は徴兵が二六歳まで猶予されていたが、太平洋戦争開戦間近の一九四一年一〇月には修業年限が三ヶ月早められ、一九四三年一〇月には東条内閣によって理工系と教員養成系をのぞく文科系の高等教育諸学校在学生の徴兵延期措置が撤廃された。いわゆる学徒出陣である。

学徒出陣の壮行会は一九四三年一〇月二一日に開催された。それに先立つ『写真週報』同年九月二九日号では、まず東京の双生児が出陣する写真が置かれている。破顔一笑の双生児は残された弟に「お前もすぐ来いよ」（三頁）と語り、弟は「征くとも」と答える。彼らは壁に貼ら

北辺の警備に独りあたる兵士

れた「大東亜南洋精図」の前に立つ。それは日本の力の象徴である。母親は誇らしげに笑いながら息子の出陣の用意をする。それは男子を産み、立派に育て、兵士として送り出す母親の鑑《かがみ》である。学徒出陣の正当性をこの写真は指し示すのである。

続くページでは「決戦の空へさあ征かう　学鷲第一陣入隊す」(四―五頁)が掲載されている。記事の見開き二ページ左側には、学徒が航空隊兵舎に入隊する様子の写真が掲載されている。彼らは学徒代表の号令に「一糸乱れず」歩みを揃え、兵舎へ、そして「憧《あこが》れの大空へ」(五頁)向かうのである。他に掲載されている写真は、入舎後に実施される検査や試験を紹介するものである。

『写真週報』一九四三年一一月三日号は出陣学徒壮行会の様子を報じている(一〇―一一頁)。出陣する学徒に答礼する岡部文部大臣の写真では、規律正しく行進し整列する数多《あまた》の学徒が写されている。

入隊を喜ぶ双子と笑顔の母親

規律正しさを示すことによって彼らの「至誠の熱情」（一〇頁）が伝えられるのであるが、今となってはこれほどの数の若者が学徒として出陣を命じられたことの悲劇を伝える。また、この記事には出陣を見守る東条内閣総理大臣、岡部文部大臣、嶋田海軍大臣の写真のほか、「国民の赤誠」（一〇頁）を以て見送る女学生の写真も掲載されている。戦地に赴く者の「お勤め」を笑顔で見送る銃後の女性という構図がはっきりと表されているのである。

恩恵としての「同胞」の徴兵制

一九四二年、陸軍特別志願兵制度の実施にともない、台湾では予備訓練所が開設され、四二万名の「志願」があった（『写真週報』一九四三年一〇月六日号）。また朝鮮では一九三八年に、満一七歳以上の男子で総督府陸軍志願者訓練所を修了したものを現役または補充兵に編入させる特別志願兵制度が始まった。支那事変以後「朝鮮同胞の愛国の熱誠は急激に昂《たか》まり」（『写真週報』一九四三年八月一一日号、一二頁）り、学業の成績も向上した、立派な最期を遂げる者も現

出陣学徒の壮行会を伝える記事。右下には見送る女性の写真

れ、「いよ〱」一九四三年八月一日に徴兵制が実施されることになり、彼らは訓練に励み「晴れの日を待つ」（一二頁）と伝えられる。

徴兵制は「一億悉《ことごと》く皇民即神兵」（一二頁）となるために、朝鮮や台湾の「同胞」へ与えられた恩恵である。それゆえ、彼らはその恩恵に喜んで与《あずか》るのが当然だと考えられた。銃剣術の訓練、「醜《しこ》の御盾《みたて》の決意を胸に秘めて」（一三頁）の行進、自習をした上で講義に聴き入る訓練生の写真は、この同胞も「内地」と同じ兵力となりうることを印象づけていく。

朝鮮に遅れること一ヶ月、四三年九月、台湾においても徴兵制が発表された。それにともない、『写真週報』一九四三年一〇月六日号では台湾における皇軍兵士への志願熱を伝えている。「一億が戦闘配置について、戦列を前進させる」（一〇頁）のに、「半島人も、本島人もない。あるのは青森県人とか、山口県人とかいふやうに、皇民としての朝鮮人が、台湾人があるのみ」(一〇—一一頁)だという。みんな同じ皇民であり、同じ「愛国の赤誠」(一一頁)を持っている。そしてこれまで志願して入隊してきた。こうした「熱望」(一一頁)に応じて、八月に朝鮮、九月に台湾で徴兵制が開始されたのである。ただし、こうした説明文は皇軍内において同胞が本当に差別なく扱われたのか語らない。

台湾において皇軍への熱望が高まっていることを、陸軍志願者訓練所の特訓の写真で記事は伝えている。銃を手に「爛々《らんらん》と燃え」(『写真週報』一九四三年一〇月六日号、一〇頁)た突撃の瞳で走り、草むらに身を伏せて銃を構え、「すきもない姿勢」で隊を組む訓練兵の写真は、台湾人志願兵が「心身とも完全に鍛へられた皇国勇士」となったことを読者に伝えるのである。

特攻する身体

一九四四年一〇月、日本海軍において神風特別攻撃隊が編制され出撃した。同年一〇月、陸軍においても航空機の特別攻撃隊が編制され、一一月に初出撃した。特攻隊としてよく知られるのは、若者たちが国のために自らの命と引き替えに戦艦へ突っ込んでいく航空部隊であろう。しかし、この特攻隊以前に特攻隊と呼ばれることになる兵士たちが存在した。たとえば、一九四三年の『初等科修身　三』(八三—九一頁)に掲載される「特別攻撃隊」は、真珠湾攻撃で出撃し戦死した「甲標的」と呼ばれる特殊潜航艇に乗艇した乗組員たちの物語である。この甲標

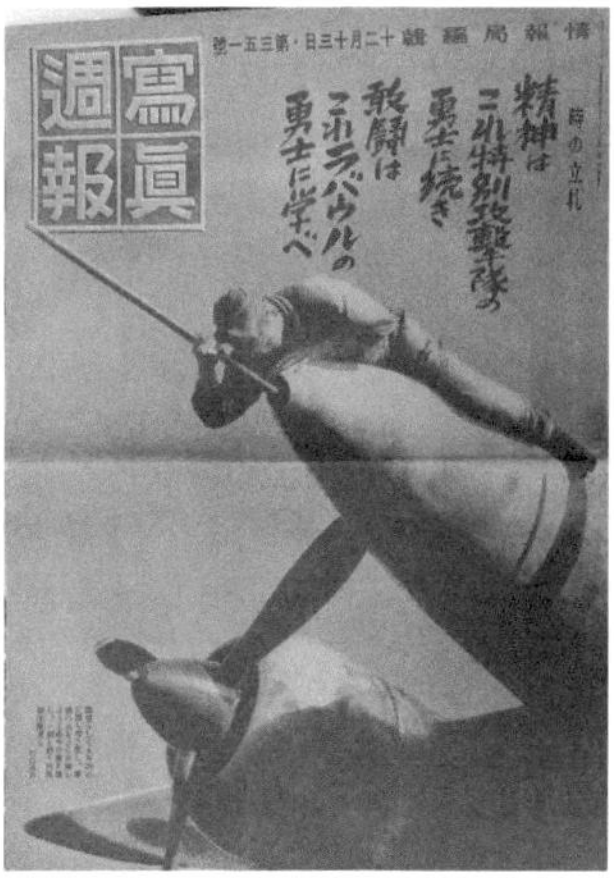

左／『写真週報』1944年12月13日の表紙
右／軍神となった特攻兵

的はいったん出撃すると自力での帰還はほぼ不可能であり、決死の覚悟で出撃した彼らが「特別攻撃隊」と呼ばれたのである。『写真週報』一九四二年三月一八日号は最初のページにこの特別攻撃隊で命を落とした「軍神九柱」の顔写真を階位、享年、出身地とともに紹介している。

この後、甲標的での出撃は一九四二年四月におけるオーストラリアのシドニー港での「第一特別攻撃隊」、マダガスカル島ディエゴ・スアレス港での「第二特別攻撃隊」、ガダルカナルでの「第三特別攻撃隊」が行われた。生還者はいずれもいなかった。

『写真週報』一九四四年一二月一三日号の表紙は、青年兵が航空機の手入れをする写真に、「精神はこれ特別攻撃隊の勇士に続き　敢闘はこれラバウルの勇士に学べ」と書いている。

表紙左下にはこの青年の解説文として次のように記されている。

体当りしてもＢ29の巨体を叩き墜し、屠龍《とりゆう》の名をさらに輝かさんと必中の腕を撫し、一剣を磨く内地制空隊勇士　○○基地

内地制空隊が狙うのは、空襲のために日本本土を飛び回るアメリカの爆撃機である。彼は特攻隊ではなく、銃後を守る飛行兵である。一剣を磨くというのは、量ではなく質で敵を撃墜するということである。そして、その精神は特攻隊の勇士に続くのだと呼びかけられている通り、決死の覚悟で防空する。

美学者の河田明久は太平洋戦争期の戦争画について、善玉である日本兵と悪玉である連合国兵士がはっきりと描かれていることを指摘する。それ以前の日中戦争は理念が曖昧であったため、両者を描ききることができなかった。そして戦局が悪化し敗走を続けるようになると、「あたかも宗教画における殉教図のような、『蹂躙《じゆうりん》される正義』のイメージ」（河田二〇一四：八頁）を描くようになると言う。その蹂躙される正義の典型が、一九四三年ごろから相次ぐ玉砕の詳報と特攻隊であろう。

特攻隊の写真は「特別攻撃隊　相次ぐ壮挙　レイテ決戦熾烈」（写真週報／三頁）という記事に掲載されている。この記事はアメリカ軍の飛行場に強行着陸し急襲する作戦を担う薫空挺隊

を紹介している。記事の上には出撃直前に隊を組んで刀を持つ手を高く上げて万歳を叫ぶ薫空挺隊の写真が配置されている。解説文には「滅敵の闘魂を沸《たぎ》らせつゝ聖寿の万歳を奉唱し、決死敵飛行場を急襲せんとする」とあり、しかも胸の雑嚢には弾薬が入っていると括弧書きで記されている。その下には、命をかけて出撃する男の美しさを強調する、出撃前の指揮官と空挺隊隊長と別れの挨拶《あいさつ》の写真が置かれている。どの顔も死を間近にしながらも動揺をたたえていない。そして、ページ左下はいよいよ輸送機に乗り込む写真が置かれている。こうした彼らの捨て身の攻撃によって「いまや戦局は漸次われに有利に転回し、当初よく優勢な敵を支へて重要陣地を死守したわが守備部隊は、続々到着する新鋭兵団を迎へて陣容を強化し、近く一大攻勢を開始して徹底的に敵を粉砕せんとしてゐる」（三頁）と、一時は劣勢にあったものの、その後の攻撃で挽回しつつあると解説されている。この特攻に応《こた》えるためにも、銃後の国民の自覚と節制が強く求められるのである。

『写真週報』（1944年12月13日号）の薫空挺隊

　しかしこの記事や写真は、決して語らず視覚化もしていないことが二点ある。一つは、この作戦の経緯と結果である。写真は出撃までのものであり、その後のものは一切掲載されていない。記事はこの部隊の戦果はおろか、

『アサヒグラフ』（1945年7月15日号）の操縦席の写真

この部隊それ自体について何も語っていない。二つめはこの部隊の詳細についての沈黙である。実はこの「薫」空挺隊という部隊は台湾の高砂《たかさご》族を中心にして編制されたものである。つまり、皇国の守備のために命を捧げているのは、少なくともこの作戦では「純粋」な「日本人」ではなく、植民地化された台湾人、しかも漢民族ではなく高砂族なのである。

一九四四年一〇月からは航空機による特別攻撃隊が開始された。『アサヒグラフ』一九四五年六月二五日号には、特攻兵の様子が写真とともに描き出されている。雑誌は戦局が優位であるものの敵もなかなかの攻撃力を持ち、空爆でわれわれの戦意を崩壊させようとしている、ドイツは「負けたと思」って敗北した、しかしわれわれには「彼等には理解できない崇高な特攻魂がある」（二頁）と主張する。敗北を認めず、戦いをあきらめない強い精神力こそが特攻魂なのである。

この特攻魂はピンチに陥った日本において、とくに特攻隊として表れている。そして先に述べた落下傘部隊の特攻隊も含めて、彼らの写真には欠けているものがある。それは死を前にした者たちの感情の動態とでも言うべきものである。たとえばこの『アサヒグラフ』には、これ

走って航空機に乗り込む特攻兵

から特攻隊として出陣する若者たちが隊歌を歌い、別れの杯をあげ、航空機に祈念を込め、戦友の遺骨を抱いて出陣する写真が掲載されているが、そのどれも無表情の兵士を捉えている。「淡々といでたち、しかも赫々《かくかく》たる戦果をあげて、再び還らざる特攻隊」（二頁）は「出撃の寸前まで、常と変らず談笑し、訓練と何の変るところなく淡々と出撃して行く」（二―三頁）「平常心」（三頁）を持つのである。

『アサヒグラフ』一九四五年七月一五日号も見開き二ページで特攻隊を伝える。やはり「淡々として大空翔けて征《ゆ》く」（六頁）様子が写真と文章で伝えられる。出陣を前にした特攻兵はやはり表情を変えていないが、ここではとくにともに兵士の顔面それ自体を伝えない二つの写真に注目してみよう。一つは操縦席の写真である。操縦士の後ろから撮影された写真には操縦席の計器板とそこに貼られた「安全栓ヲ引ケ　轟沈《ごうちん》」と書かれた紙が見える。敵艦に近づけばこの安全栓を引く、すると爆弾が投下され敵艦を轟沈させる。この操縦席の身体が命をかけて国を護ることを、写真は語る。もう一つの写真は記事の最後に置かれた「愛機へ！　直掩《ちょくえん》制空隊の出撃」と題された大きめの写真である。そこには出撃するために航空機へ走り出す兵士たちの背中が写されている。この二つの写真は、特攻隊の非人間性を強調する。非人間性とは非道という意味ではなく、個人が存立するための物質的基盤である身体、その顔面に表れる表情が否定されているという意味である。

淡々として無表情。それは個人ではなく、集団としての特攻隊の特徴である。そこでは個々の存在も身体も個別性が与えられない。そして、彼らの身体は特攻魂、大和魂という精神の容《い》れ物にすぎなくなる。その精神は「皇国護持と言ふ我等特攻隊の信仰」（傍点は引用者）であり、英国のジョンブル精神など「我々の大和精神とは天地の差がある」（六頁）。

この記事はいみじくも「己の生命を捨て防塁を築く者、特攻隊」（六頁）と結ばれている。それもまた、特攻魂、精神の容れ物としての無機質な特攻する身体をほのめかしているのである。

本章では主に『写真週報』を用いて、太平洋戦争の快進撃が視覚化されていく過程を追った。戦争の経過は写真、地図、イラストを介して広く銃後の日本人に伝えられた。アジアの解放を謳《うた》うこの戦争において、アジアの盟主である日本の視覚イメージは非常に重要だった。解放するとともに赦す日本の視覚イメージは、聖戦の意義をことさら演出したのである。そして、その聖戦を支える戦う身体イメージは、聖戦の力強さを演出したと言えるだろう。

第三章　視覚文化としての銃後の覚悟

一　つながれる戦地と銃後

鋳られる国民道徳

前線で兵士が国家のためにどのように戦っているのか、具体的に知るにはメディアに拠《よ》るしかない。そしてその彼らの戦いに報いるべく、銃後の国民は勤勉、勤労の道徳性を持つことが望まれる。そうした道徳性の高さは、実際には兵士の労に報いるためでなく、銃後を統治する政府にとって好都合でもあった。銃後の国民道徳は、やはりメディアによって鋳られていった。つまり模範的な国民像が言葉と視覚イメージによって提示されたのである。

前章で紹介した大東亜戦争一周年記念の『写真週報』（一九四二年一二月二日号）を開くと、皇居に対してひれ伏す五人の写真が現れる。写真の紹介文として、一九四一年一二月八日の「宣戦の大詔」を聴いて、二条橋前に「忠誠を誓ひまつる民草」（三頁）とある。そして、写真の下には次のような言葉が記されている。

こゝに翻つて我々のこの一年の生活はどうであつたか。純一無雑のあの日の『日本人の心』が果してその日〳〵の生活の中に生かされてきたであらうか。我々銃後の戦友が、あの日の決意のゆるむたび、戦ふ日本人として恥ずべき行ひを敢《あ》へてするたび、護国の忠霊をして国を思うて泣かしめはしなかつたらうか。凡《およ》そ戦ひは必勝への意志と意志、信念と信念との頑張合ひである。この意志と信念にひゞの入つた方が負けなのである。神国日本、断じて勝利をその頭上に輝かさねばならぬ。それを思ひ、これを想へば為《な》すところの足らざるをはぢるのみ（三頁）

皇居にひれ伏す「民草」

「あの日」とは、上に掲げられた写真が撮られたとされる開戦の日を指している。その日の「日本人の心」は戦うことに向かって純粋だった。「神国日本」は絶対に戦争に勝利せねばならない。そのために「戦う日本人」は必勝のた

山本五十六の仇を討つため生産する人びと

めに銃後の日本人としてふさわしい行いをしつづけなければならない。それができなければ、これまで国を護《まも》るために命を捧《ささ》げてきた「忠霊」に対して申し訳が立たない。こう、銃後の国民に説くのである。

写真の解説文には「民草」とある。ひれ伏す五人の名前も記されず、顔も判別できない。民草は匿名なのである。誰であることも表明しない匿名性は、すなわち誰でもあることを意味する。この写真の風景、そしてその下の戒めは、見る者、読む者すべてに対して向けられている。ページをめくれば帝国陸軍の写真が現れる。「眉宇《びう》に殉国の大文字」を示した兵士たちが戦地で命を捨てる覚悟で戦っている（本書九四頁）。だから銃後の国民も高い意志と信念を持つように諭されるのである。

戦地と銃後は戦死者のための敵への報復という感情においても、固く結ばれていた。第二章では日本軍の「優勢」がトリックを使いながら視覚化されていることを確認した。しかし、戦死者や玉砕がはっきりと報じられることもあった。そして、こうした「正確」な情報は、国民の戦意高揚に大きく貢献したのだった。

たとえば『写真週報』一九四三年六月二日号は山本五十六の戦死と「無言の凱旋《がいせん》」（一九頁）を報じるのだが、悲しみの涙も乾かぬうちに「元帥の仇《かたき》はキット討つぞ　闘志に燃え立つ生産工場」（二〇―二一頁）と記事が続く。鉢巻きを巻いた工員が「元帥の偉業に続けマッシグラ」と書かれた紙の前に立ち、責任者の言葉に耳を傾ける写真がある。笑みをこぼす者はいないその写真は、残されたものの決死の覚悟を伝えるのである。

『写真週報』1943年6月16日号の表紙

『写真週報』一九四三年六月一六日号はアッツ島における玉砕を特集している。表紙は神酒《みき》に口を付ける青年。表紙解説によれば、この青年は神酒を「おし戴《いただ》きつゝ、一瞬、全霊を以《もっ》て神に祈り、神に誓つた――征《い》つて参ります――（中略）――俺は必ずこの仇を討つぞ、討たでおくものか――」（一八頁）と壮行式で誓った。この決意を写真は表している。

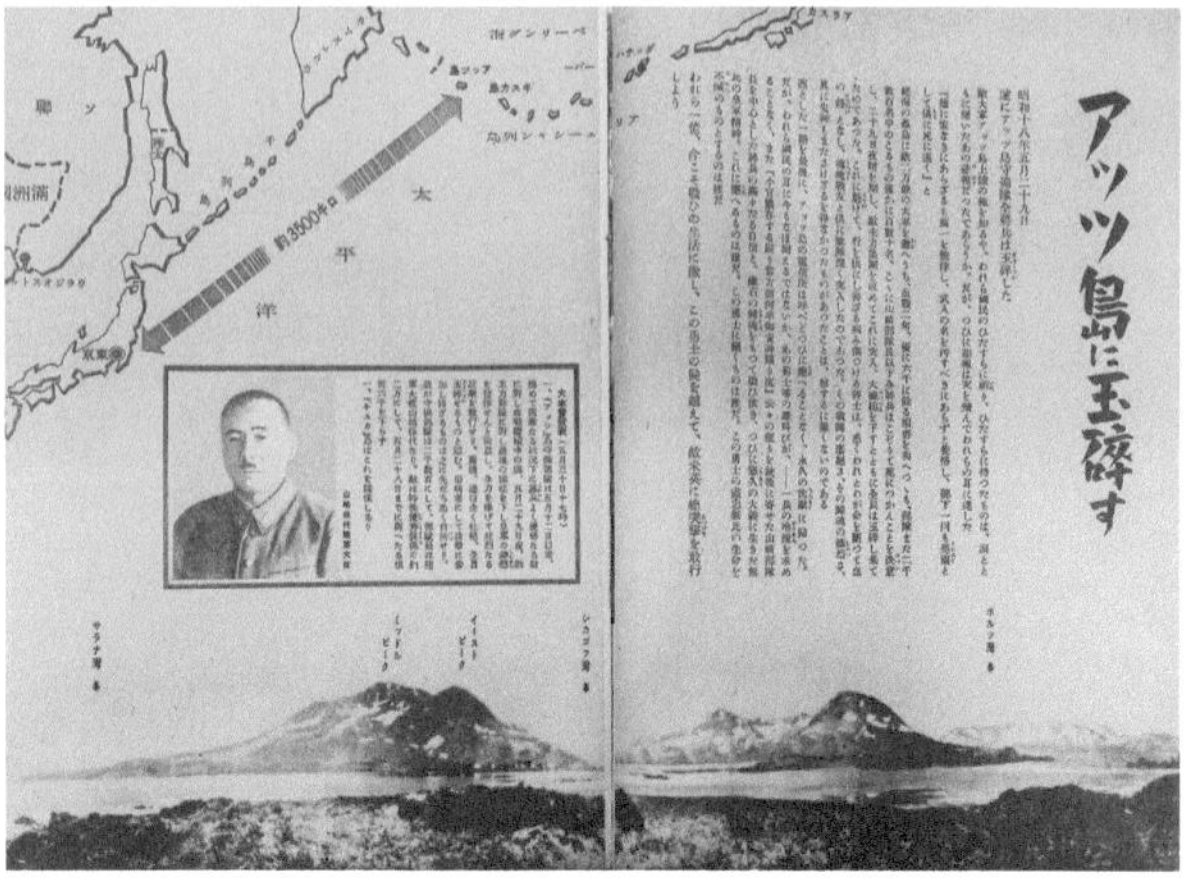

アッツ島の玉砕を文章、地図、写真で伝える

この号の最初のページには山本五十六の国葬を空から撮影した写真が置かれている。そしてその後に続く「アッツ島に玉砕す」（四—五頁）は、日本とアリューシャン諸島の地図を示し、東京からアッツ島まで三五〇〇キロ離れていることを図示する。この距離について何の解説もなされていないが、もし遠さを強調するためであれば、遠く離れたところでの悲劇を、近さを強調するためであれば、それほど離れていないところでの悲劇をいずれにせよ伝えようとしていると思われる。地図の下には五月三〇日の大本営発表と玉砕した部隊長山崎保代《やすよ》陸軍大佐の写真が枠で囲まれて掲載されている。さらにアッツ島の遠景写真がその下に置かれる。

彼らが最期に残したとされる「他に策なきにあらざるも万一を僥倖《ぎょうこう》し、武人の名を汚すべきにあらずと覚悟し、部下一同も莞爾《かんじ》として倶《とも》に

英霊に応える人びと

死に邁《ゆ》く」（四頁）という言葉を引きながら、「応《こた》へるものは誰だ。この勇士に続くものは誰だ。この勇士の尽忠無比の生命を不滅のものとするのは誰だ」（四頁）と銃後の国民に最後まで戦い抜く覚悟を迫る。「われら一億、今こそ戦ひの生活に徹し、この勇士の屍《しかばね》を越えて、敵米英に総突撃を敢行しよう」（四頁）というわけである。

どのようにしてこれに応えることが要請されているのだろうか。それを伝えるのが、全国津々浦々の人びとの写真とそのキャプションである。そのほとんどが労働中のもので、今いる場所で、今できることを精一杯やることが国民の使命であることがキャプションで強調されている。重要なのは、この写真横のキャプションが、写真の中の人物の「コメント」であることである。もちろん、本当に彼らがそれを語ったのかどうかは不明である。たとえば、大漁旗の下で遠くを指さし見る福島県の老人の写真には「おいら、なんつったつて、さかなとんねつか御奉公になんねえだから。潜水艦なんか出たら潜望鏡ぶっつぶしてやつぺ……」（六頁）と、方言をあえて使うことで彼らの心意気を直接的に強調している。五三歳の鉱山作業員が前をしっかり見据えた写真には「若いもんには負けない」（八頁）というコメント。年齢を理由に仕事を休んだり怠けたりしないというコメントは、これ以外のさまざまな労働写真で確認できる。孫の結婚式に宮城県の田舎から出て来た七五歳の女性は「遊山など勿体《もったい》なくて出来ません。もう、今日田舎へ帰ります」（九頁）と、戦時下における愉楽への禁欲を語っている。こうして英魂に応えるためになすべきことが視覚化されていったのである。

慰問袋がつなぐ戦地と銃後

戦時中は銃後の国民が戦地の兵士の労を慰めるため、日用品や雑誌、手紙を袋に入れて送付した。この袋は慰問袋と呼ばれ、直接的な知り合いでない兵士に届けられた。不特定の個人から不特定の兵士へと送付される慰問袋は、国民の一体性を醸成する物質であった。そのため、『写真週報』には何度も戦地の兵士に送るための慰問袋の用意をする写真が掲載されている。一九四三年一月六日号は、床の間の前で子どもたちが慰問袋に入れる手紙を書く様子を写真で伝えている。床の間という家庭でもっとも重要な空間に、父と母をはじめ一家全員が揃って準備をする。母親は手に慰問袋を、写真を見る人に「慰問袋」という字が見えるように持ってい

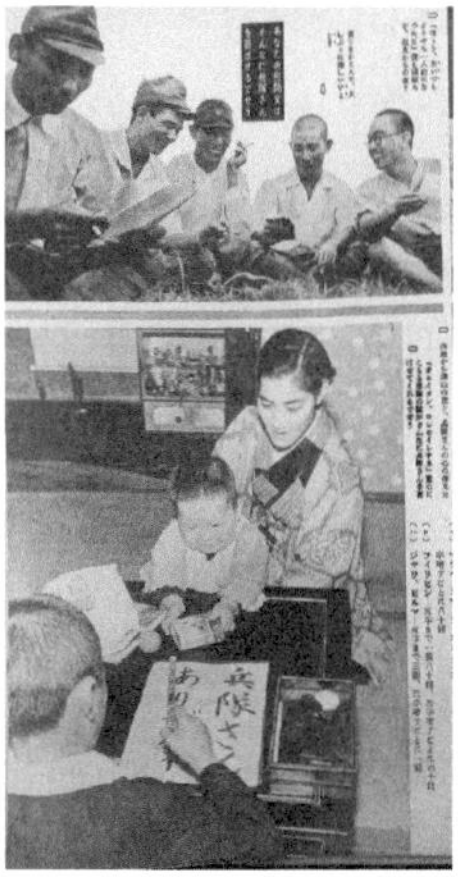

慰問文を読む兵士、書く少年

家族で慰問袋に入れる手紙を書く

る。その横に袋へ人形を入れようとする少女。上の子どもは正座をして手紙や絵を台の上で書いている。小さな子どもは手前で剣玉の遊びを止めて畳の上で絵を描く。父親はそれを少し後ろから見守る。この構図は一家が協力して慰問袋を用意することの重要性を表現する。と同時に、父親が見守り、女性と子どもが慰問するという役割分担も重要である。つまり、銃後であっても男が慰めることはなく、あくまで護られている女と子どもが慰めるのだ。

　こうして詰め込まれた慰問袋が現地の兵士をどれほど癒《い》やし、鼓舞しているのか。「送れ心の弾丸　慰問文」(『写真週報』一九四三年三月一七日号、一七―一九頁)は、「内地からの便りが、どんなに戦地の兵隊さんを力づけることか」(一七頁)、手紙を読む兵士たちの写真とともに解説する。嬉《うれ》しそうに手紙を封切りする男性の写真から始まるこの記事は、とくにジャワに野戦郵便隊によって慰問袋が届けられる写真、内地からとどく「心の弾丸」（一九頁）を開く兵士たち、それぞれの手紙を車座になってタバコを吹かしながら仲間に読み聞かせる写真などを掲載している。友人からの便りに刺激され「僕も頑張るぞ」（一九頁）と決意を新たにし、また「便りをかこんで、久しぶりに楽しいひととき」（一九頁）を過ごす。笑顔の兵士たちの写真には「あなたの慰問文はどんなに兵隊さんを喜ばせるでせう」（一九頁）と記されている。

記事には「兵隊さん」という、子どもが使う言葉があえて使われている。それは銃後に残った子どもたちに対してこの呼びかけが為されているからである。記事には、やはり床の間で母親と弟の前に座り「兵隊さんありがとう」と丁寧に記す少年の写真も掲載されている。「童心にこもる感謝の誠」は「兵隊さんを喜ばせ」（一九頁）るからである。

慰問袋や手紙は単に兵士を喜ばせるためではない。われわれが銃後で「安らかな日々を送ることが出来る」（一七頁）のは皇軍将士のお陰であり、その感謝、感激を慰問袋に「あふれる程こめて」送ることは「当然なすべき責務」（一七頁）なのである。

癒す女たち

臨時東京第一陸軍病院に入院する失明した兵士のために、点字を学習し、点字の慰問文を送るのは日本女子大附属女学校二年生の生徒である（『写真週報』一九四三年一月一三日号）。彼女

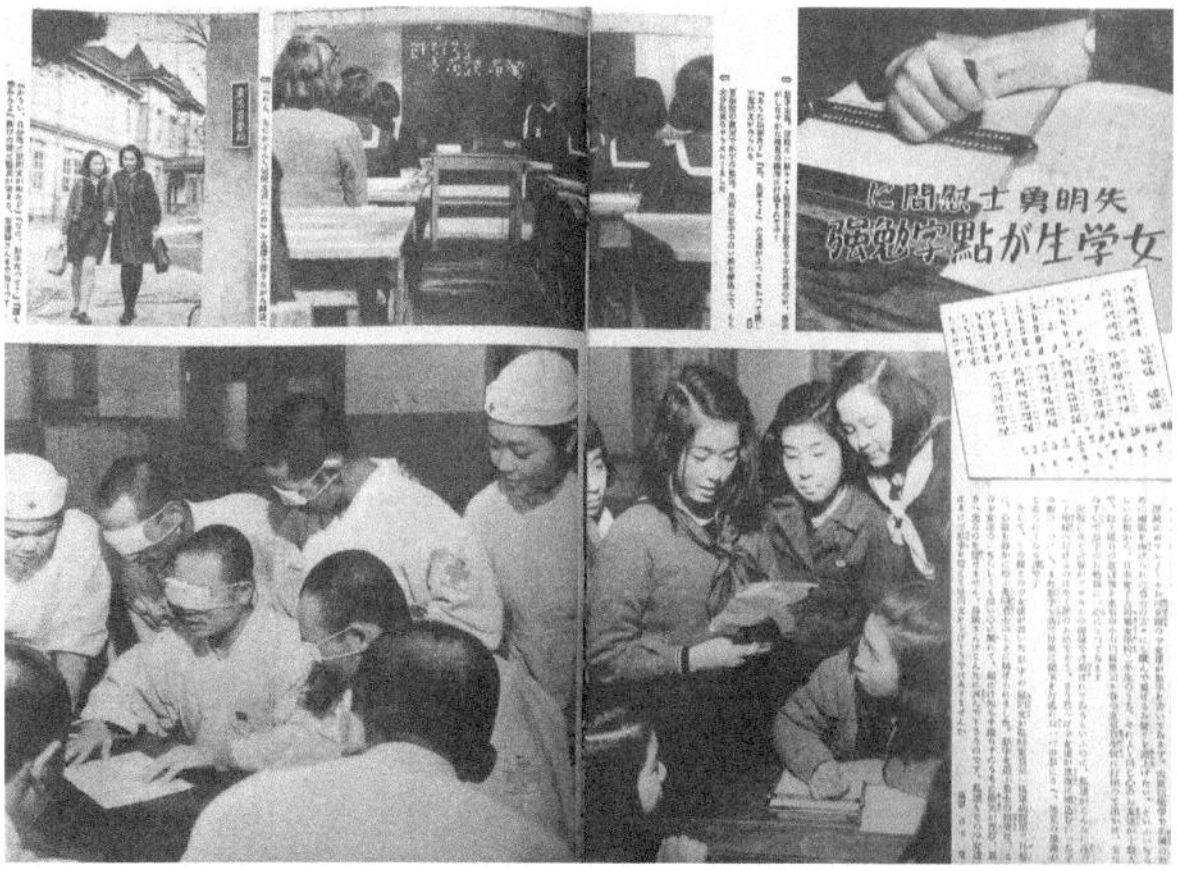

失明した兵士に点字で手紙を書く少女

らは毎週土曜日の放課後に盲学校で点字の勉強を重ねた。勉強の場面、帰宅の場面、手紙を書く場面、そしてそれが病院に届き、点字を読む兵士たちの写真が見開き二ページの右上から左下へと配置されている。

彼女たちはなぜ点字の手紙を送るのか。それは「決戦に次ぐ決戦がソロモンの海域では闘はれてゐるといふのに、私達がこんなに落着いて学校へ行けるのは全く誰のお陰」（二〇頁）かと考えたからだという。

少女たちは懸命に点字を学び、「少女の真心」（二〇頁）で「しなやかな指先」で点字の手紙を書く。手紙を書く場面の写真は少女が集まっている。キャプションには「『あなた出来た？』『私、出来てよ』お友達がよつてたかつて優しい慰問文が作られる」（二〇頁）とあり、手紙を書いた後は「『ねえ、あなたどんな慰問文書いたの』お友達と語りながら帰途へ」（二一頁）つく左上の写真。まるでラブレターをみんなで書くような舞台設定である。これを読む兵士たちは「少女達のいぢらしくも温い心に触れて、頰には知らず識《し》らずのうちに微笑が浮び、露さへ光るのを隠せません」（二〇頁）。

純粋な少女だけが登場し、その「しなやかな指先」でいじらしい手紙を書き、それが傷ついた兵士に届けられる。そして癒《いや》す。ここでもやはり護る男、癒す女という性別分業が表れているのである。

銃後の敵を駆逐する

戦地の兵士はまだしも、銃後の国民が「敵」を直接目にすることは少ない。しかし、身の回りにはすでに「敵」が浸透して、日常生活を蝕《むしば》んでいると警告することで、見えない敵を可視化、物質化することができる。そして敵への恐怖や、憎悪、嫌悪感を喚起する。

敵性言語の使用禁止やレコードの破壊はその一例である。『写真週報』一九四三年二月三日号の表紙は、「ＣＨＩＮＡ　ＴＯＷＮ」という看板が付けられ、壁面に英語で宣伝文句の書かれた建物の前を、洋服を着た男女が揃って歩く写真である。表紙左横には「米英色を一掃しよう」とある。洋服も建物もすべて米英色なのである。

表紙をめくると、右ページには

むかし　むかし　或《あ》るところに
舶来物をありがたがつて
日本人にはさつぱり分らない
薬や
化粧品や
看板が
ありました

という文章が、うっすらと見えるうち捨てられた星条旗を背景に記されている。アメリカへの敵意が透けて見える。そしてことさらに舶来品をありがたがる考えを改めるよう呼びかけている。

　見開き左側のページには戦線で前進する日本兵の写真の上に「前線では米英との死闘が繰返されてゐるのだ」（三頁）と書かれている。写真が撮影された場所の詳細は不明だが、「特にソロモン群島ニューギニア方面における彼我《ひが》の

『写真週報』1943年2月3日号の表紙

前線の兵士の写真は、銃後での敵性言語や
舶来品の使用を強く諌める

敵性音楽の排除を呼びかける記事

空中戦は日日苛烈《かれつ》な展開をみせ」ているが「わが陸海の新鋭航空部隊がその都度これを撃退しつゝあることは大本営発表にある通り」（三頁）と記されている。このように戦線で「尊い犠牲」を払って闘っているのだから、「米英媚態《びたい》の生活態度」（二頁）を改めなければならないとある。ちなみにこの『写真週報』が発行されてから約一週間後、ガダルカナル島からの撤退が発表されている。つまり、「撃退しつゝある」というのは嘘だったことになる。この敗北の後、戦況は悪化し続けるのであり、敵性言語や舶来物の排除は最後に残された抵抗手段だったと言えるかも知れない。

「米英レコードをたゝき出さう」（四―五頁）という記事は、米英レコード、ジャズのレコードの供出を呼びかける。この記事に置かれた二つの漫画に注目してみよう。右上の漫画では、ジャズの楽団の騒々しい演奏の中から、弾丸が飛んできている。これはアメリカが音楽を通して日本を攻撃することを示す。日本人の心を蝕むということである。この文化的、精神的侵食に抗するためにもう一つの漫画がある。そこでは日の丸の鉢巻きを巻いた父親が、庭の木に吊《つる》した「アメリカジャズ」を銃剣で破壊し、それを母親と子どもが喜んで見ている。ともに、アメリカレコードが悪であることを印象づけている。「耳の底に、まだ米英のジャズ音楽が響き（、）網膜にまだ米英的風景を映し（、）身体中から、まだ米英の匂ひをぷん〱させて（、）それで米英に勝たうといふのか」（四―五頁／読点は引用者）と米英追従の態度を諌め「耳を洗ひ、目を洗ひ、心を洗つて（、）まぎれもない日本人として出直す」（五頁）ことを呼びかける。

続く二ページは「看板から米英色を抹殺しよう」(六―七頁)で、日本の街頭にある英語の看板の写真が掲載されている。ここで記事は「米英媚態」の看板を次のように定義する。

この商店は一体なにを商つてゐるのか、その肝腎なところが横文字で書いてあつたり、店名に敵米英の地名や人名を用ひてあるものである。これは誰が考へても日本人をお客としてゐる日本の店のとるべきことではなく、まして敵国の地名や人名を書くにいたつては媚態以外の何物でもないであらう(六頁)

このように定義し、左側のページでは米英人の顧客向けの、英語看板が多かった横浜市弁天通で、看板が取り外され、代わりに「国策標語」が書かれていることを写真で伝える。

さらに敵性の商品が「これが日本人に売る日本商品だらうか!」(八―九頁)で紹介されている。英語で商品名が書かれた鉛筆などの学用品、化粧品、薬品は「童心を蝕み、婦道を傷つけ、果ては戦力を挫《くじ》く」(八頁)のである。日本で作られたものも排斥対象である。具体的に排斥すべき商品の定義は次の通りである。

容器や、包装を見ただけでは、欧文ばかりで日本人には、内容が何だか分らないもの。たとへ内容が分つても、薬だつたら、用法が英語で書いてあつて、一日に何回のむのか、何

時のむのか、どれだけのむのか、さつぱりわからないもの（九頁）

ここではそれが敵性の商品であるかどうかより、説明書きが英語で不便なことが強調されている。

次には廃棄すべき敵性レコード一覧表が四ページにわたって掲載されている。このようにして銃後においては見えない敵が、敵性の商品や看板として見えるようにされ、排斥の対象となった。それによって敵への憎悪が高められたのである。

二　耐える国民

勤労と道徳性

一九四二年発行の『大東亜戦争とわれら』は、この大戦において大量の物資が必要になること、そのため生産力の向上が喫緊の問題であることを説く。産業の再編成において国民が心を一つにして国家政策へ協力すること、「心をあはせてゆ」（三五頁）くことで「戦争が何年続かうがびくともしないほど、力強くなつてゆく」のである。

そのために銃後においても「命を捧げて御奉公してゐる前線の将兵と同じ心で、あひたづさへて総力戦に向か」（三六頁）うことが必要になる。「勤労こそわれらの力」（三七頁）であり、

「心血を注いで」（三九頁）「力をふるつて働」（四一頁）くこと。それは「それ〴〵の職場で働くことがそのまゝ戦争に参加してゐる」（四一頁）ことなのである。

職場だけでなく日常生活そのものが戦争であることも強調される。「親から与へていたゞいたりつぱな体を夜遊びやふしだらな生活でこはしたり、不注意や不養生で傷めたりするやうなことがあれば、親はもとより国家に対してまことにあひすまぬ」（四三頁）ので、つねに健康を保ち「丈夫な体をいつそう頑健に鍛へあげて」（四三頁）いく必要がある。そうすることで「大東亜諸民族の指導者として、先頭に立つて働」（四三頁）くことができる。健康な身体を持つことで「つぎの時代を背負つて立つすぐれた子供をたくさん生み育て『生めよ、殖《ふ》やせよ』の国策に応ずることができる」（四四頁）のである。

緊張を持続することは困難なので娯楽は必要である。ただし「その楽しみは、明日の働きへの力をつける楽しみ」（四四頁）でなければならない。音楽、映画、演芸などで心身の疲れをとることで、翌日に充実した仕事ができる。また、読書やラジオを聴いて人格向上にいそしむことも必要である。

ただし、決してレストランやカフェで享楽し、浪費してはいけない。「前線の将兵のことを思ふ」（四五頁）なら、貴重な時間とお金をそうするべきではないのである。そのような享楽は「敵が送る麻酔薬」（四五頁）なのだから。冊子は次のように節制を説く。

贅沢《ぜいたく》に慣れきつた生活からは、紀律正しく力強い軍隊は決して生まれない。日本の軍隊は握り飯だけでも、いくらでも頑張る。この逞《たくま》しい力は国民の質実剛健な生活によつて養はれて来たものである。戦争をよそに浪費をし、飲食に耽《ふけ》るやうなことがあつては、国家の総力をあげて戦ふ長期戦にうち勝てるものではない（四六頁）

このように国民へ節制を求めると同時に、浪費するお金があれば厖大《ぼうだい》な戦費として貯蓄に回すよう諭す。それが「大東亜共栄圏といふ大世帯を確立するその建設」（四七頁）に要する費用に使われるべきなのである。

こうして戦線だけでなく日本本国や植民地の国々の人びとも戦う国民として一体化される。そしてそのつながりは、時を遡《さかのぼ》っていくことで強化される。冊子には日本人の時間的なつながりを次のように表現する。

自分さへよければ、人のことはどうでもよい、神や祖先や親の恩を忘れ、正義を捨てて金や物に動き、品行を乱し利欲に走る、こんな個人主義・唯物主義の態度は根本から叩《たた》き直し、若い者は若い者らしく、清く、正しく、公明正大にあつてほしい（五〇頁）

ここには西洋由来の個人主義や唯物論によって、その時代の若者が堕落していること、それ

人気マンガの主人公も国債購入を呼びかけた

はそれ以前を生きた祖先や神の時代に対する冒瀆《ぼうとく》であるというメッセージが込められている。それは単に「大東亜」の人びと、戦地と銃後を統合するだけでなく、国民一人一人が今存在することを可能たらしめる時代の先行者と「今」とを統合しているのである。

貯める国民

戦時下の日本では、軍事費をまかなうために貯蓄を奨励した。貯めることはすなわち戦争への貢献だった。貯蓄と戦争とのつながりは当時の広告に見ることができる。たとえば『写真週報』一九四三年四月七日号には、東海銀行の広告が掲載されている。靖国神社の第一鳥居とおぼしきイラストとともに「撃ちてしやまむ　決戦貯蓄」と書かれている。これが靖国神社であるとすれば、命をかけて敵の殲滅《せんめつ》に向かった英霊に続くことと、貯蓄が結びつけられていることになる。

戦前に印刷されたある絵葉書には、放たれたアルファベットのＡＢＣＤを鏃《やじり》とする矢に対して、「支那事変国債」と書かれた盾とともに矢を射る当時の人気漫画の主人公「フクチャン」が描かれている。絵の下には「ＡＢＣＤ包囲線もなんのその」。国債の購入もまた軍事費への購入であったが、少年のフクチャンを用いることで、大人だけでなく子どももまた戦争に貢献することができることを説くのである。

戦局の悪化は、貯蓄を義務へと変えていく。アッツ島玉砕を伝える『写真週報』一九四三年六月一六日号は、銃後の国民としての責務を唱えるが、「貯蓄は銃後の義務だ」（一四―一五頁）も掲載され、貯蓄を促している。記事はこれまでの貯蓄の実績を称《たた》えつつさらなる貯蓄を求める。一九四三年はその前年に比してさらに四〇億円の貯蓄高増加を求め、「これを不可能視したり、弱気をいつては戦争に負けることです。断然貯め抜かねばなりません。もはや貯蓄は犠牲ではなく、義務です」（一四頁）と主張する。そして各地で敢行されている貯蓄運動の写真を掲載し、貯め抜く覚悟を共有させるのである。

靖国神社の絵とともに
貯蓄が呼びかけられる

ジャワでの貯金の様子を伝える記事

貯蓄の推奨は日本以外でも起こっている。「ジャワにも頼母《たのも》し日の丸貯金」（『写真週報』一九四三年三月一七日号、一二—一三頁）には貯金通帳を手にする小さな子どもを抱きかかえる女性の写真。「皇軍の恩威に蘇《よみがえ》るジャワでは、アジア　ラヤ（大東亜）の建設のためにといふ合言葉が、現地住民の間の力強い貯金熱となつて盛り上」（一二頁）がっていると解説が付されている。このような小さな子どももまた、「戦争を勝ち抜く」（一二頁）ためにお金を惜しまず日本のために貯金しているのだと、読者に覚悟を迫ってくる。

野外で黒板に「チョキンハ　アジアオ　オコス」（一二頁）と記され、それを日本人指導者の前でジャワ人が指さしながら読み上げる写真には、遠く離れても「結ぶ気持は一つです」（一二頁）と書かれている。ジャカルタの乾電池工場では団体貯金をして、労働者が整列して手に持った通帳

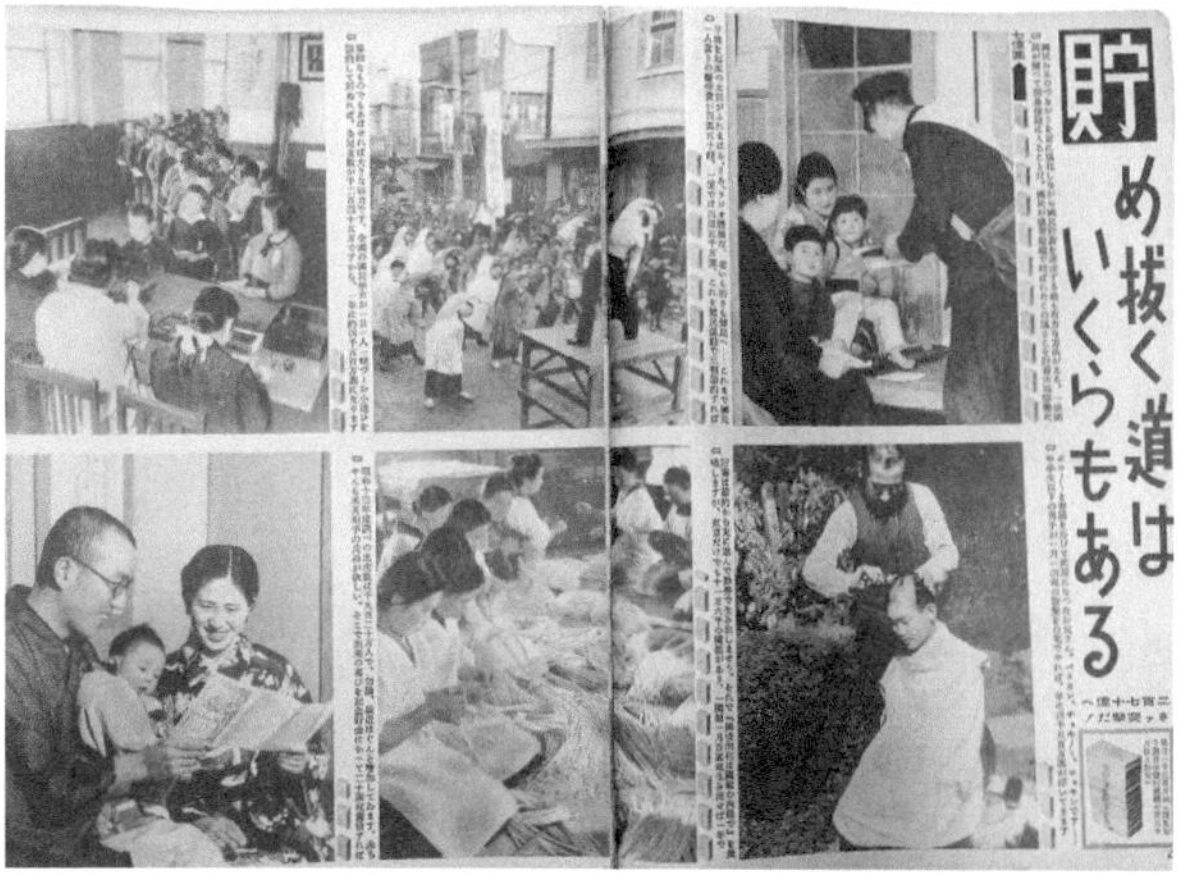

貯め抜くための模範的生活が視覚化される

を見せる写真は、無数のインドネシア労働者もまた心を合わせていることを伝えている。貯金局に長蛇の列、「ジャワのお友達は喜んで参加してゐます」（一三頁）とある。

贅沢は敵だ

ただし、貯蓄運動は決して単なる戦争協力としては語られなかった。貯蓄をすることで一億の国民が連帯するのだとも語られたのである。「貯め抜く道はいくらもある」（『写真週報』一九四三年五月五日号、四―七頁）は、貯蓄による国民の連帯について「一億国民が揃つて簡易保険に入る」ことで「国民が連帯組織で結ばれ」「この強さこそ貯蓄決戦態勢だ」（四頁）と記してある。この記事では貯蓄の工夫、無駄な消費が写真とともに解説されるのだが、それぞれの写真の横には札束の絵が付けられており、それがどれほど効果的、非効果的であるのか見て分かるようにしてある。

たとえば中学生以下の男子が散髪を理髪店でなく自宅でした場合、年間に四五〇〇万円が総計で節約できる。それを貯蓄に回せというわけである。ラジオ体操をして健康になれば医療費が浮く。乳児を抱く父親と母親が笑顔でリーフレットを眺める写真は、出産祝いを記念貯金に回せば国家に資することが解説されている。道徳的態度の視覚化である。

一方、浪費を強く諫める写真もやはり札束の印とともに掲載されている。遊興飲食費が年々「鰻上り《うなぎのぼ》の勢ひ」（六頁）であると、すき焼きか何かを食しながら飲酒する写真、温泉地でタバコをくゆらせる観光客の写真、映画、派手な結婚衣装に身を包む女性、華美な端午の節句の写真が掲載されている。極めつきは鏡に向かって化粧をする女性の写真である。解説文には「日本婦人の美しさは、ごて〳〵塗りたてた脂粉のうちにはない筈《はず》です。まして昨年中に使はれた紅、白粉《おしろい》代が一億七千万円にもなると知つたら——さあ国内戦線から脂粉を追放しませう」（七頁）とある。

節制を分かりやすく子どもたちに伝えるために、大日本婦人会貯蓄部は指人形劇を演じている。指人形劇にじっと見入る子どもの写真には「指人形はおもしろいぞ。僕らも負けずに貯金しませう。お母さんもね」（八頁）と、子どもと同時に母親に貯蓄を促す。育児を担当する女性はまた、日用品の購入者でもあり、こうした性的分業をたくみに利用しながら、各家庭での節制が唱えられるのだ。ちなみに記事ではこれまでの郵便貯金、簡易保険のほかに、戦時納税

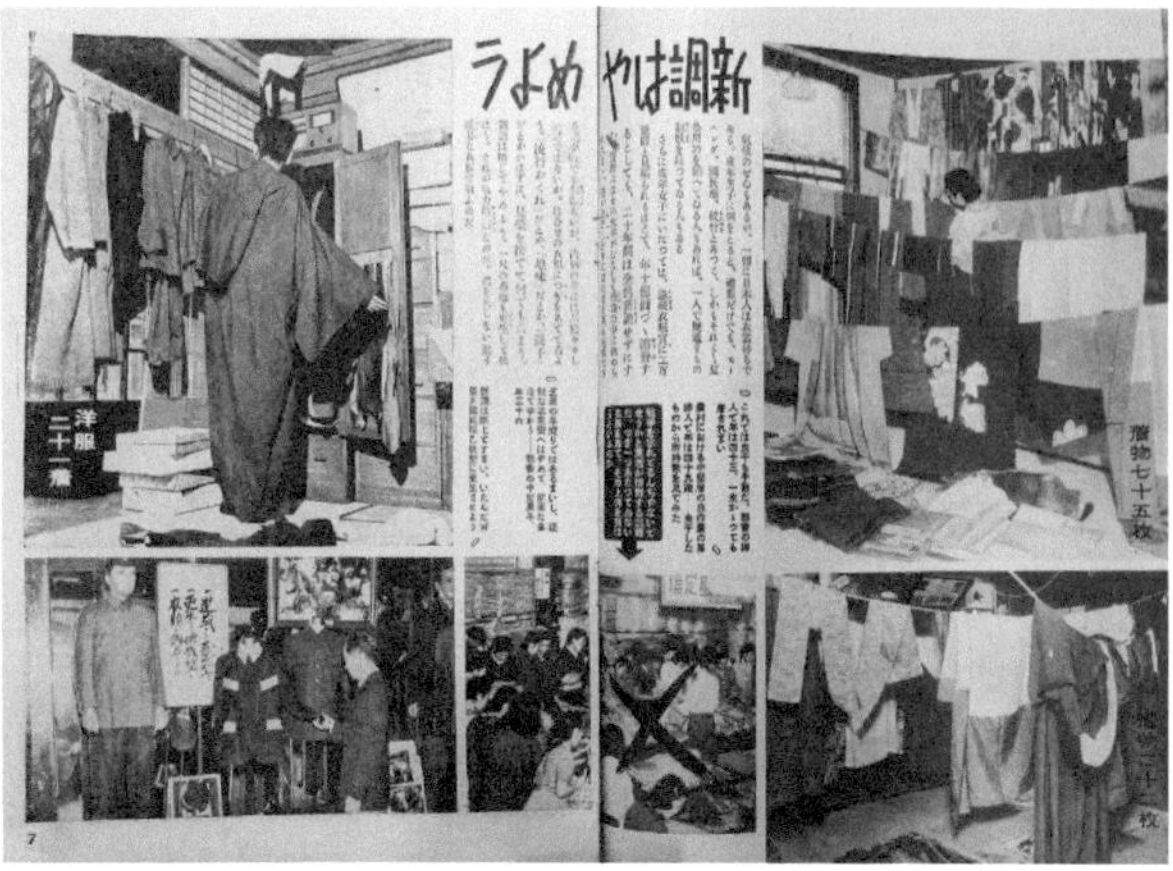

衣服の新調を自粛するよう呼びかける記事には
ムダの多い生活の写真が掲載されている

貯蓄、国債貯蓄、貯蓄証券の発行によって、より簡単に貯蓄ができるようになったと伝える。

一九四三年六月三〇日号は衣服の新調を控えるよう呼びかける。「一生か、つても着きれ」（六頁）ないほどの着物の写真は節制を呼びかけている。衣服のセールの写真には×が付けられ、白抜きで「戦争を忘れてるんぢゃないでせうかと業者が憤慨する混雑だ。つぎ一つあたつてゐない衣服を着て、その上何を買はうといふのか」とキャプションが付けられている。新調は「断じてすまない」（七頁）。着なくなった衣服を直して標準服にする方法も解説されている。「誰にも出来る御奉公」（一〇頁）なのである。

『写真週報』一九四三年七月七日号には、銃後の人たちが着る「決戦衣服」（一四頁）が紹介されている。「新調しないこと、これが決戦下の衣生活で一番大切なこと」（一五頁）である。男性は国民服、女性は標準服というのが原則なのだが、新調はできるだけ控え「有るものを着れるだけ着よう」（一五頁）ということで、その具体例を紹介するのが記事である。冠婚葬祭も女性は乙型標準服、男性は乙号国民服でのぞむ写真もある。特別な機会でさえ衣服の節制が求められるのである。また、女性の着こなしをモデルを使って紹介するページでは、「標準服甲型一部式応用型を着こんで颯爽《さつそう》と」（一六頁）のほか、「ワイシャツのお古を婦人用に改造した長ズボン。足首は締めた方がよろしい」（一六頁）とある。

いよいよ戦局が行き詰まった『写真週報』一九四四年三月一五日号は「時の立札」で次のように筆をふるう。

勝利への生活に明るく灯がともされた
このみちを驀《まつしぐ》らに突き進まう
巷《ちまた》に享楽の紅灯は消え
高級興行場の扉は閉された
花園はすでに農地と化し
一切の装飾的なものは姿を消すだらう
官庁の暦から日曜日は抹殺され

右は享楽を提供する施設の休業や営業停止を伝える記事
左は上が享楽的生活、下が道徳的生活の写真を対比させる記事

国を挙げて月々金々の生活は始められ
た
一億が同じ乏しさに耐へ
同じ勤労の喜びにひたるこの生活
これにまさる明るい生活があらうか（二頁）

この事態に陥っても、というよりも、であるからこそ一層、勝利への道を突き進むよう呼びかける。しかしこの明るさは、「同じ乏しさに耐へ同じ勤労の喜びにひたる」生活でもある。つまり最後において生活の明るさが何を指すのかが分からなくなっている。

この号には「精進一年へ　享楽は断然追放だ」（六頁）と「生活は即刻切替だ」（七―一二頁）が掲載されている。前者は特級映画館、高級劇場、高級料理店、待合（花柳街での芸者と

電力の使用を控えるよう訴える

の遊興場）、高級酒場が営業を停止していることを、それぞれの写真だけで伝えている。どの施設にも休場、休業の通告が掛けられている。後者は一六枚の写真とキャプションだけでやはり生活の享楽をたしなめるものである。「なほも絶えぬ温泉行。いま空襲があつたら君たちはどうする気か」（七頁）、「開店前（引用者注：百貨店）からつめかける人たちは何か大事なことを忘れてやしないか。それは戦争だ」（九頁）、「納屋の日陰でこつそり農作物を売る闇行為こそ、国を売る裏切行為だ」（一〇頁）など、不適切な行為を写真に収め、してはならない例として視覚的に提示している。温泉旅行を諌めるために空襲を持ち出しているが、本音は温泉旅行の享楽性を窘《たしな》めたいのだろう。一方、適切な行為として防空訓練、勤労、食糧を余すことなく供出することなどが提示されている。

総てを戦争のために

消費を諌めるだけでなく、日常生活のあらゆる局面での戦争参加が求められた。たとえば家庭内での電力消費を抑え、その分の電力を軍需工場へ回すことも強調された（『写真週報』一九

鉄道利用の自粛を呼びかける記事

四三年二月一七日号）。記事には

いま全国の家庭でかりに三十ワットの電灯一灯を毎日一時間づゝ節約すると一日に凡そ飛行機二台半分のアルミニウムが造られる（一八頁）

という文字が太字で書かれ、読者の目を引く。その上で「電力は生産拡充の重要な資源であり、戦ふ産業日本の動脈」（一八頁）であり、全国の工場や鉱山でこそ電力が使われたとき「われらの勝利は確保される」（一八頁）と続く。記事文には、自動車の組み立て工場、砲弾製造工場、アルミニウム電解工場、戦車製造工場、造船所、製鋼工場の写真とともに、そこでどれほどの電力が必要とされるのか、解説が加えられている。

鉄道の利用を控えることも要求される。「鉄道は勝つための武器」（『写真週報』一九四三年九月二九日号）は、見開き二ページの右側ページに列車とその乗客の写真、左側ページにはこの客車の代わりに貨物列車を走らせた場合、何を運びどのような効果があるかを解説する写真が配置されている。右の写真と左の写真群の間には、仮に各家庭で一年間に一人が旅行を控えれば、旅客列車二万五〇〇〇本が走らずにすむようになる、という旨が書かれている。そしてその代わりに貨物列車を走らせ、（一）石炭を載せれば約一二〇〇万トンを運ぶことができ、それにより鉱物を溶かすことができることを工場の写真で、（二）木材を載せれば約五〇〇〇万石を運ぶことができ、それにより造船できることを船を製造する写真で、（三）米を載せれば約二億俵を運ぶことができ、それにより食糧を供給できることを米を食べる写真で、それぞれ解説するのである。

ただし支那事変勃発《ぼつぱつ》当初は、旅行が絶対的な悪だと考えられていたわけではなかった。旅行雑誌『旅』（一九三七年一一月号）に「旅の真髄」（二一―三頁）を寄せた日本史家の西村眞次は「ふら〳〵旅行」ではない「真剣旅行」（二頁）の社会的意義を説くことで、何でもかんでも旅行を悪とするべきではないと主張する。「民族の展開過程」（二頁）を本の上だけでなく、遺跡や遺物を実際に訪れることで理解できる。そして西村はドイツのワンダーフォーゲルを例に取りながら「土に親しむことによつて郷土愛を起させる」（三頁）効果を「旅の真髄」であると言うのである。

前線で奮闘する兵士の写真

「卑怯な国民」、卑怯な言い訳

『写真週報』一九四四年三月一五日号には北辺で、南方で奮闘を続ける「前線勇士」の暮らしぶりが写真で紹介されている。厳寒の中で雪かきをする写真は一枚、場所が不明だが残りの七枚はジャングルや高床式の住居が見えることから南方の写真と思われる。この地はアメリカ軍からの猛攻をひたすら耐えていた場所であり、その戦闘の厳しさについては日本国民に伝えられていた。上半身裸で「草の仮家」（四頁）でご飯をかき込む写真、「川とはいへないスコールの水溜《みずたま》り」（四頁）の写真は、不衛生な環境で日々を過ごす兵士の苦労を伝えようとしている。高床式の民家を背景にする兵士の写真には「これが勇士たちの住居だ。畳も電灯もこゝにはない」（五頁）とあるが、ここに元々住んでいた原住民はどこへ行ったのだろうか。

記事は開戦当初、「日本人といふ日本人」（四頁）はどんな生活にも耐えると決意した。しかし、それがたるんでいるのではないかと諫める。ここまでは節制を呼びかける論法だが、そこから先は次のように続く。

あの日の決意で頑張つてゐたら、量でも敵には負けなかつたはずだ。我々の生産への努力が足りなかつたばかりに、何千のわが将兵に幾度か無念玉砕の熱涙を呑《の》ませ、調子づいた敵どもに、図に乗つたわめき方をさせてゐるのだ、といはれても、何の返す言葉があらう（四―五頁）

つまり、今の戦局は努力の足りない銃後の国民にある、というのである。ここでは開戦、作戦遂行についての政府や軍の責任がまったく問われない。その無責任のつけは、戦地の兵士、銃後の国民、そして解放の名目で場所や家を追われた現地の人びとが払わなければならないのである。卑怯《ひきょう》な言い訳である。

三　身体を捧げる精神

出産推奨

銃後はまた、次世代の身体を再生産する場であった。健康な身体と健全な精神は男女の身体の矯正を介して涵養《かんよう》された。

一九四二年五月から実施されるようになった「健民運動」を前に、『写真週報』一九四二年四月二九日号では「立派な日本人をうんと殖や」(一六頁)すための特集が組まれた。記事は「八紘為宇の神勅《しんちょく》」(一六頁)を具現化するために、出生増加と結婚の奨励、母子保健の徹底、体力の錬成、国民生活の合理化、結核および性病の予防を挙げる。

出生数の増加については「これからの結婚はどこまでも民族の繁栄といふことを期待して一夫婦少くとも五児出生を目標に、生めよ殖やせよに拍車をかけ」ることが奨励されている。また「一人でも多く質の良い子供」を産み、「生まれた赤ちゃんは一人残らず丈夫に育て上げることができるやうに適当な保護を加へる」(一六頁)必要があるとも述べている。質の良い次世代の身体を大量に生み出す。その新たな身体が新たな国家を生み出す。こうして二重の意味を帯びた「産む身体」が国家的に作り出される。

笑顔の子どもを背景に
人口グラフが示される

一七頁には「殖やせ強い子強い民」という健民運動の写真が置かれている。笑顔を浮かべ肩を組む大勢の子どもを背景にして、前面に置かれるのが昭和五年から昭和三五年まで一〇年ごとを横軸、人口数を縦軸にした折れ線グラフである。七〇〇〇万を超えてグラフは右肩上がりの一直線を示している。すなわち、人口の安定した増加が図化されているのである。もちろん数だけが問題であるわけではなく、「強い」子、そして単なる大人ではなく国家に尽くす「民」を殖やすのである。笑顔の子どもたちは、その未来が明るいことを象徴している。

ページをめくると「これからの結婚はこのやうに」と上部に大きくかかれ、その下に右に女性、左に男性の写真がある。女性は和装で両手を前で合わせており、男性はダブルのジャケットにネクタイを締め、靴を履き、髪はきちんと分けられ、ひげも剃《そ》られている。「気をつけ」の姿勢で写っている。男女ともに清潔感があり、道徳的な生活を過ごしていることが視覚化されているのである。その模範的な男女の横には身体検査表と結婚資格証明書の写真と、「健康証明書を交換しませう　お互の健康の上に立つてこそよき家庭も築かれるのです」（一八頁）という文言が書かれている。真ん中には見合いのシーンの写真、そしてその下には「式は簡素に」という結婚式の写真と誓詞に署名拇印《ぼいん》する写真がある。さらに、中央下部には父親を先頭に、乳母車の赤ちゃんを押す長女、その後ろにさらに五人の子どもと赤ちゃんを抱く母親が歩くイラストが配置されている。輝く太陽の下、草原を笑顔であるく一家は、きちんとした服装をしている。多産でありしかも模範的な家庭のすばらしさを伝えているのである。イラストの

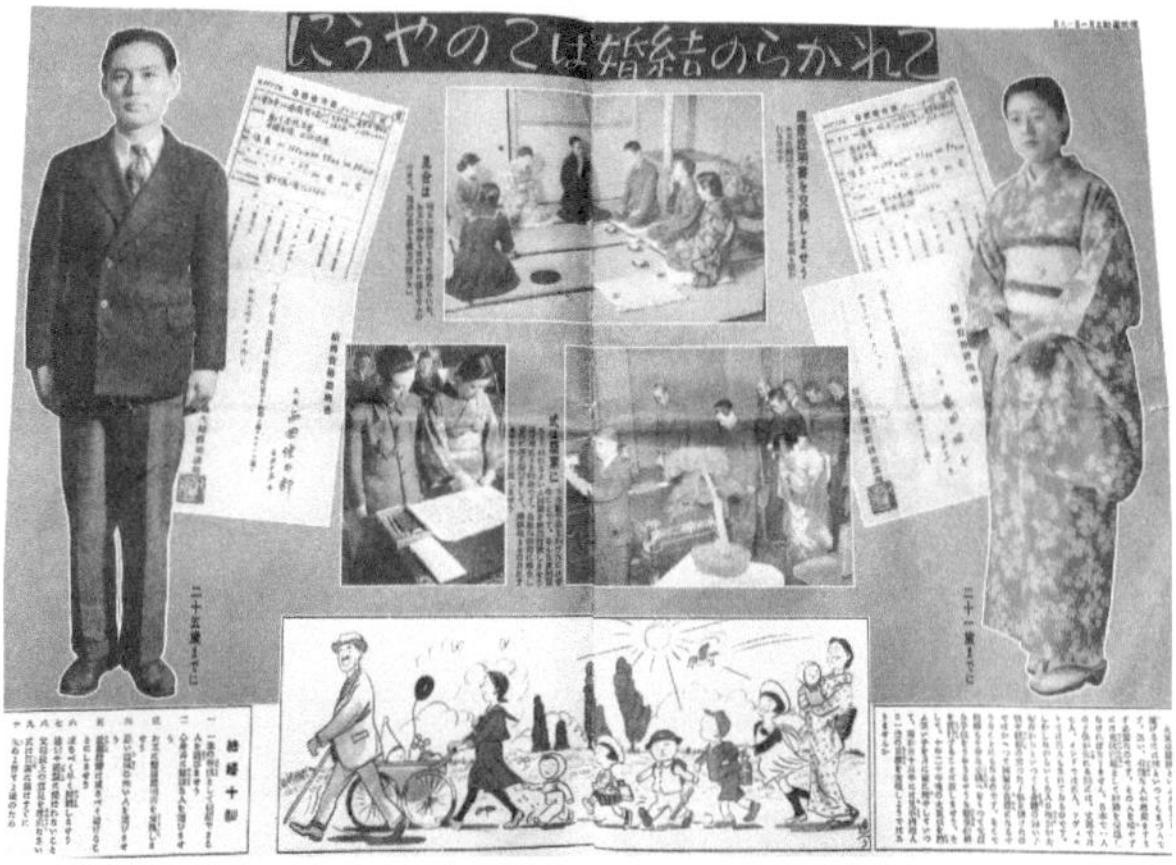

理想的な男女、結婚式、家族構成の視覚化

横には「結婚十訓」として「一　一生の伴侶《はんりょ》として信頼できる人を選びませう　二　心身共に健康な人を選びませう　三　お互に健康証明書を交換しませう　四　悪い遺伝の無い人を選びませう　五　近親結婚は成るべく避けることにしませう　六　成るべく早く結婚しませう　七　迷信や因襲に捉《とら》はれないこと　八　父母長上の意見を尊重なさい　九　式は質素に届はすぐに　十　生めよ育てよ国のため」（一九頁）が書かれている。健康で健全な結婚は、子どもを産んで育てるために重要とされたのである。

『写真週報』一九四三年四月二八日号の表紙は体重測定をされる赤ちゃんの写真である。この年の健民運動にあわせてやはり健康を特集している。記事「生んだ子は必ず育てよう」（四一五頁）は健民特別指導地区に指定されている千葉県中根村（現いすみ市）での母子を保健婦が指導する様子を伝える。この村は乳幼児死亡率がかつては非常に高かったが、「戦時下人的資源の緊急の増強」（五頁）からも徹底した健康管理をしているという。

産み出す女性の身体

戦局が厳しさを増し、男性の身体は兵士として供出することが推し進められる一方、女性は良妻賢母という再生産領域での従事に加えて、工場などの生産領域で働くことが求められた。「産み出す」身体は、「兵器を生産する身体」にもされたのである。

『写真週報』一九四三年一〇月六日号の表紙は、銃剣を手に横一列に並ぶ女性の写真で、写真左横には「女性もあげて決戦へ」と記されている。表紙をめくると「時の立札」には次のような文言が置かれている。

飛行機の増産に隘路《あいろ》なし
われに有りあまる力あり
未《いま》だ動員せられざるのみ
　女中を使ひ有閑の時を偸《ぬす》む主婦なきや
　娘の就労を喜ばざる両親はなきや
愛児を捧げて悔ゆるなき若鷲《わかわし》の父母達に愧《は》ぢよ

有閑の時に働かないことを強く諫めている。それは殉じて空に散っていった飛行士の両親に対して申し訳が立たないではないかというわけである。

「一億こぞつて戦闘配置に」（三頁）に置かれた、航空機工場でプロペラを作る女性たち、精密な技術を用いて真剣な面持ちで機械を操作する女性の写真は、これまで男性の職場とされていた領域においても、一定のトレーニングさえ受ければ女性の活躍は可能であることを伝えている。「こんな職場はむしろ女の方がいいでせう（傍点は引用者）」（五—六頁）では昇降機運転係、百貨店や劇場などにおける携帯品預かり係、案内係、下足番、理髪師、髪結い、美容師、車掌、出改札係、踏切手、旅館の給仕、料理人、番頭、客引き、現金出納係、事務補助者、官公庁の小使、受付係、給仕、集金人、保険や銀行の外交員、注文取、電話交換手、物品販売業の店員、行商など、実際に従事している男性たちの写真を紹介している。これらは女性が担当すればよいというわけだ。

『写真週報』1943 年 10 月 6 日号の表紙

　より戦争に直結する製造にも女性は従事する。次のページでは砲弾工場、鉱山で作業する女性の写真が二枚紹介されているが、女性の兵器生

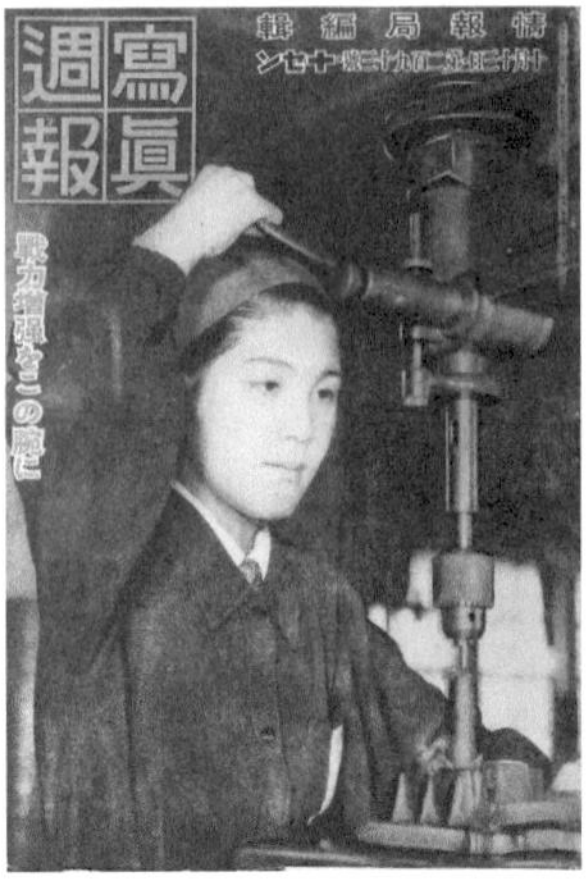

左／『写真週報』1943年10月13日号の表紙
右／女性でも可能な仕事

産への従事をいっそう推奨するのは『写真週報』一九四三年一〇月一三日号である。その表紙は工場で機械のレバーを引きながら何かの部品を製造する女性の写真である。写真左横には「戦力増強をこの腕に」。八ページにわたって女性の職場進出を促す記事が置かれている。

「職場への進出にはまづ技術を」と題された一連の記事群は、機械の構造や性能に関する講習、実技指導を受ける女性たち、事務作業用に珠算やタイプライティングの指導、理容師のためのハサミの使い方などの指導を受ける写真が置かれている。女性を働くように鼓舞するだけでなく、記事と写真の数々は工場の管理者に女性が効率よく働くことのできるよう、工場内や彼女たちの宿泊施設の改善を求めている。「お国のために身を捧げて働く女性のために、どうかこの写真を参考に大いに設備を改善してあげて下さい」（一二頁）と記事は結ばれている。

健康な身体、戦う身体

一九三〇年から朝日新聞社は『全国健康優良児童』の選抜と表彰事業を始めた。全国で行われた身体計測や運動能力テストの結果のほか、疾病歴や両親のデータなどをもとにして、男女各一名の健康優良児が選出されたのである。文部省学校衛生官の大西永次郎は、「真に万人の規範たるべき健康保持者の表彰事業が極めて格好の企てゞあるを信ずるものである」（朝日新聞社一九三〇：三六四頁）と、優秀な身体を持つ児童を表彰することで国民に健康の重要性を喧伝《けんでん》することができると考えている。民間ではなく国家も「国民体力管理制度」を作り出し、国民身体の把握に努めた。

学校での体位向上は次に紹介するが、学童だけでなく広く国民一般にも健康増進が求められた。その一例が、国民の健康を管理するための一九三八年の厚生省設立である。厚生省には体力局が設けられ、ここが具体的な国民の体位、体力向上のためのプログラムを決定していた。先の国民体力管理制度は一九四〇年に国民体力法として法制化され、青年男子の身体計測と運動能力測定を行い、その結果をもとに軍部が処置をすることを目的とした。また、一九三八年には同省の外郭団体として「日本厚生協会」が設立され、健全な娯楽の推進と国民の体位向上

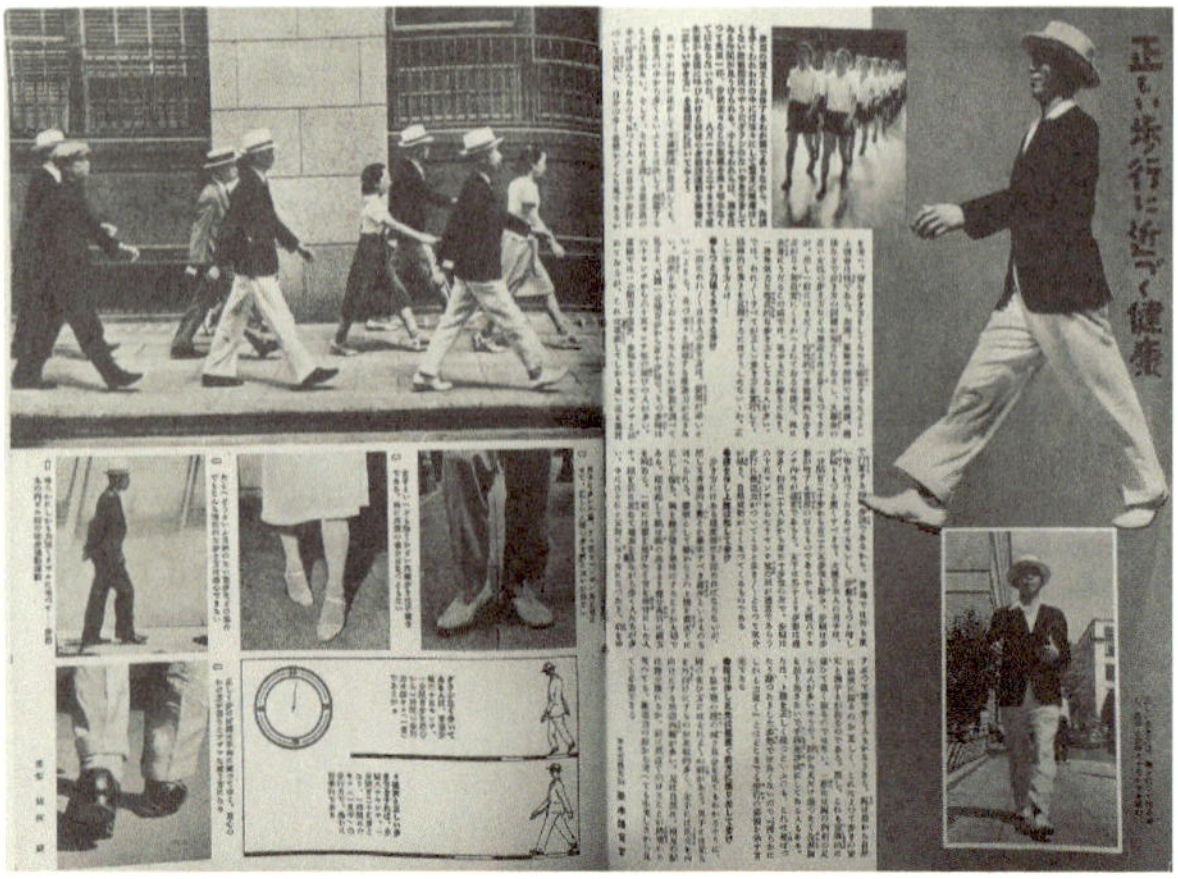

正しい歩き方

を目的とする厚生運動がスタートした。これにより娯楽を通した健全な国民心身の生産が可能になったのである。

その厚生省体力局は『写真週報』一九四〇年七月三一日号に「正しい歩行に近づく健康」（一八―一九頁）を掲載している。これはこの年の八月一日から二〇日まで厚生省が全国に呼びかけた銃後心身鍛練運動にあわせて作られた記事である。白いパナマ帽子にブレザー、白のスラックスに白い靴という出《い》で立ちの男性が、背筋を伸ばして胸を張り、手を振りながら大股《おおまた》で歩く写真は、「正しい歩き方」（一八頁）を視覚的に示している。左のページには「ダラシなく歩いてゐる人」と「颯爽と正しい歩き方」をする人の姿勢と歩幅がイラストで提示されている。正しい歩き方は、炎暑を克服するために重要だと主張されている。うだるような暑さにおいて

町内会単位の健民運動の展開

は、「気分もだれ勝ちになり、一層無気力な倦怠《けんたい》的な歩き方」（一八頁）となるからであり、それを矯正することが必要なのである。

なお、「颯爽と正しい歩き方」は、明治時代以降に日本に導入された。それ以前には、たとえば右手と右足を同時に出す、「ナンバ走り」と呼ばれる歩き方も存在したが、近代的な軍隊編制の中で右手を振るときには左足を出す歩行法が導入されたのである。明治維新前夜の一八六七年、フランス軍事教官団が招致され、以後、徒手と器械体操を中心とする体学が導入されると、颯爽とした正しい歩き方は全国に広まっていく。

太平洋戦争が始まると、健康は義務となる。厚生省は国民体力の向上を出生以前から管理するため、一九四一年に体力局を廃止し、代わりに人口局を設置した。ここに体練課のほかに人口の適切な増殖管理を行う母子課が置かれることになった。

職場、町内、小学校での体操風景

さらに一九四二年には、人口増殖・健康増進を目的として厚生省が主唱、大政翼賛会厚生部が推進役となって健民運動が始められた。『写真週報』一九四二年四月二九日号の健民運動特集記事では、「民族の増強はたゞ人口の量的な増加のみでなしとげられるものでは」なく、「質的にもまたすぐれた人口日本の建設」が重要であり、「一人でも体質の虚弱な者のないやう」（一六頁）に錬成しなければならないと説いている。

　この日本人の総健康化を目指す健民運動を日常生活レベルで展開させるため、『写真週報』は視覚化の作業を行う。たとえば、町内会、部落会に健民部を作ることを『写真週報』はいくつもの実例の写真をともなって呼びかける（一九四三年四月二八日号）。政府や大政翼賛会だけでなく、各町内会、部落会に健民部を組織し、

寒さに負けない身体の視覚化

「隣組或《ある》ひは職場の組織と和合の力で、いままでとは違つてぐんと強力な健民運動を展開」（八頁）するのだという。そして健民部を組織するための方策を解説する。その分かりやすい例として取り上げられるのが、大阪市南区の町内会だ。記事は各委員の顔写真とそれらが指導する光景を写真で紹介さする。個別具体的な地名と名前と写真を紹介することで、各地域においてもこの取り組みの実施が可能であることを印象づけるのである。

　職場においても健康を維持することが求められる。東京芝浦電気芝浦支社の健民運動紹介記事では、女子工員、少年工の工場体操風景のほか、寮母による栄養指導、さらに体操ができない雨天時に提供される保健衛生の紙芝居に聴き入る写真も掲載されている（『写真週報』一九四三年四月二八日号）。

　寒さに負けない身体は、たとえば『写真週報』

一九四三年一月二七日号に表れる。「まづ寒さに打ち勝たう」という記事には整列し体操をする写真が四葉掲載されている。それぞれ撮影された場所が異なる。池袋鉄道教習所、明電舎大崎工場、東京下谷竹町、東京氷川国民小学校の四カ所である。そのうち池袋鉄道教習所と氷川国民小学校の写真は、寒空の下、上半身裸で体操をしている。「明日の国鉄を護る若人の腕から肩に、もりあがるこの力、見るからにたのもしいではないか」（一八頁）と筋肉で鍛えられた身体を誉め、「ヨイコドモたちはおなかまで出してげんきに体操」する子どもたちの生命力を称える。

「白銀の道場」（『写真週報』一九四三年二月二四日号）は、長野県野沢中学校と高等女学校で、冬に繰り広げられる野試合、裸体操、騎馬戦などを紹介する。男子は上半身裸になって雪上で体操をし、また剣道や射撃訓練などの体育をしている。女子生徒は隊列を組んだり、「敢闘精神」（一三頁）を露《あら》わにした雪合戦をする写真が掲載されている。

学校・施設・健康

厚生省体力局により虚弱な身体は強制的に健康にされる。それが一九四一年度に同局が決定した国民体力向上修練会であり、これは前年度の年齢別身長別胸囲体重標準に達しなかった夜間学校の学生のほか、事務所、商店、工場その他の青年就労者を対象として行われた体力改善プログラムである（中村一九九二）。「痩《や》せっぽちも甲種合格の体に　全国に千百の健民修練所

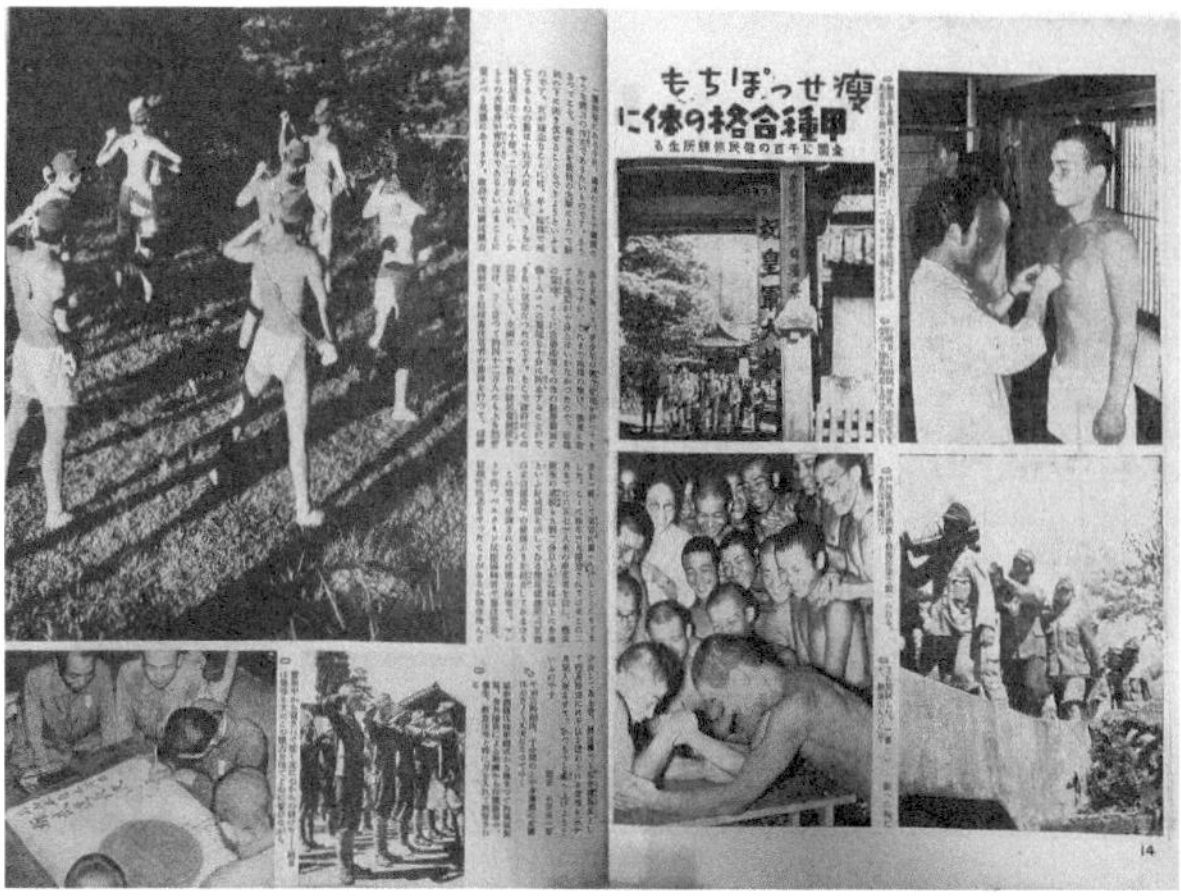

国民体力向上修練会に関する記事

生る」（『写真週報』一九四三年八月二五日号、一四—一五頁）は、「一億戦場にある今日、国民のこらず鋼鉄のやうな体力」（一五頁）とするべく、「筋骨薄弱者と結核要注意者」の訓練を健民修練所で行う様子を伝える。身長測定、胸囲測定の写真の横には、この修練所で生活する中で身長が伸び、胸囲も増えているという解説文が付されている。左側のページには早朝に上半身裸で乾布摩擦をする写真、その下には軍事訓練を受けている写真が配置されている。ここで健康になることは、決して自己のためではない。写真が伝えるのは、それが国家のために戦う身体となるためだということである。

それをはっきりと伝えるのが左ページの左下に置かれた写真である。「祈武運長久」と書かれた日の丸の旗に、入所生が寄せ書きをしている。写真の横には「明日は我等もまたこの体力

国民体位向上のための体育

を得てと心に誓ひながら」（一五頁）とある。

一方、健康であることを超えて、戦う身体の育成がより積極的に勧められたのが学校における体育である。すでに一九四二年二月二五日号には徳島県富田国民学校の体育の様子が「さあ次の時代も大丈夫」という記事タイトルで紹介されている。若年層においても健全な心身が育成されている、そしてそれは戦う強い身体であるという意味である。「戦争は何時まで続くか、お父さんの代で終らなければ、わたしたちの築く健康な肉体にものいはせようと決意する」（二一頁）のである。ではどのような体育が健全な身体を作るのか。記事で紹介されるのは「健康の基礎となるリズミカルな正常行進」（二〇頁）、鉄棒、そして「全筋肉を緊張させる富田体操」（二一頁）である。富田体操は現在「組み体操」と呼ば

戰時學徒の體育訓練

最近の情報によると、アメリカ空軍の主力、殊に搭乘員の八十パーセントは學生出身者であるといはれてゐる。空軍增强に躍起となつてゐる敵は、增產に拍車をかけるとともに、最も手近かで、科學知識に富む學生を總動員、これに短期間の訓練を施して前線に送り込んでゐるのである

今さら敵の例をひくまでもなく、最近の決戰情勢は、學生にも既に校門は營門に通ずるの域を越えて、校庭は戰場に通ずる心構へを要求してゐる。今回、文部省ではこの線にそつて『戰時學徒體育訓練實施要綱』を決定、その目標をはつきりと戰力增强の一點に結集し、國運の推進力である青年學徒の體育訓練を徹底强化することになつた

從つて今後、男子の體育訓練は、戰場運動の訓練に重點を置いて實施されるわけであるが、學內皆訓練の實をあげるため、正課の時間のない日でも、一日一回以上は必ず全校體育訓練の時間を設けて、これら訓練種目の指導に力が注がれることになつた。しかも學徒の體育訓練の基調は、あくまで學校內の修練を第一義とし、學校外の各種大會や試合は、平素の訓練の延長として不離一體の關係が强調され、學徒を參加させる大會や試合は、あくまで戰時下、特に緊要なものを嚴選することが必要となつた。また二校間の對校試合はもちろん奬勵されるが、その試合場は出來るだけ學校內運動場とし、入場料をとらず、旅行しないことを原則とし、實情やむを得ない場合でも、文部省の指示によらなければならない

なほ文部省では、要綱中の支柱をなす訓練種目については愼重な態度をとり、重點種目を明らかにすると共に、それ以外の運動競技は、學校長の教育的識見と學校當局の徹した時局認識に應へることにし、畫一的、機械的な態度を避けてゐる。即ち單に外來の競技であるからといふ理由だけで排除せず、また日本的であるからといつて無條件には採用されてゐない。もつぱら一大決戰に備へるために效果的な種目を選び、その特徴をます〳〵發揮させるやうに措置されたわけである

即ち男子學徒の訓練種目は、行軍、戰場運動、銃劍道、射擊を戰技訓練、體操、陸上運動、劍道、柔道、相撲、水泳、スキー、闘球その他適切な球技を基礎訓練、海洋訓練、航空訓練、機甲訓練、馬事訓練を合はせて特技訓練の三つに大別し、殊に戰技訓練に重點を置いて、强健な學生は全部實施しなければならない

次ぎに女子學徒の訓練種目は、體操、陸上運動と薙刀、弓などの女子に適切な武道及び水泳、スキー、女子にふさはしい球技をすべて基礎訓練として行はせ、健康潑剌な『日本の母』を育成するとともに、海洋訓練を加へて海洋に親しむ素地をつくることになつてゐる

學徒の闘魂 戰場運動に燃ゆ

東京

決戰下學徒の闘魂を培ふ戰場運動關東大會は來る五月十六日、大日本學徒體育振興會主催、陸軍戸山學校指導の下に開催されるが、これが參加代表を決定する東京府大會は五月二日、陸軍戸山學校で擧行、府下中等學校二十二、青年學校二十六、計四十八校、七百五十名の若人は矢島陸軍中佐の總指揮のもとに眞摯敢闘、逞しい肉體と精神力の發揮は戰場を彷彿たらしめた

⇦ 障碍通過——われを阻むものは城壁も斷崖も何んのその

戦争する身体を作るための体育訓練

れるものに酷似している。ここで重要なのは筋肉の収縮とともに、全体が定められた動きを行うことで生み出される統一美である。それは日本が当時採用していた全体主義を体現するのであり、健康な身体と健全な精神を矯正するのが体育だったのである。

文部省はさらに一九四三年「戦時学徒体育訓練実施要綱」を決定した。その目標は「戦力増強の一点に結集し、国運の推進力である青年学徒の体育訓練を徹底強化すること」（『写真週報』一九四三年五月一二日号、一六頁）である。一日一回以上は必ず全校体育訓練の時間を設けなければならないのだが、問題は訓練種目である。男子生徒は、行軍、戦場運動、銃剣道、射撃の「戦技訓練」、体操、陸上運動、剣道、柔道、相撲、水泳、スキー、闘球（ラグビー）の「基礎訓練」、海洋訓練、航空訓練、機甲訓練、馬事訓練の「特技訓練」と三つの訓練を軸にした体練を受けた。女性生徒は体操、陸上運動、長刀《なぎなた》、弓道など「女子に適切な武道」、水泳、スキー、「女子にふさわしい球技」をすべて「基礎訓練」として行うことになった。それによって「健康潑溂《はつらつ》な『日本の母』を育成」（一六頁）しようとしたのである。

記事には障壁を上る障碍《しょうがい》通過、手榴弾投擲突撃の写真が掲載され、より軍事的な身体へと矯正されていくことを示している。

豆兵士たち

国民学校の生徒が軍隊に一日入営することは決して珍しくなく、『写真週報』（一九四三年一月六日号）では、大分国民学校生徒の航空隊一日入営の様子が紹介されている。「今日こそ天《あっ》晴《ぱ》れ豆海鷲」という記事は、日の丸が描かれた戦闘機の操縦席に乗り込む学帽をかぶった少年と、彼に操縦を教える兵士の大きな写真から始まる。「今にこれで大空をくる〳〵とび廻《まわ》つてやる！僕はそのときさう思ひました」（一〇頁）とキャプションが付けられ、大きくなったら帝国海軍の航空隊で国のために戦う覚悟を年端《としは》のいかない子どもが持っていることを伝える。

海軍航空隊に１日入営する児童

記事の本文には、入営した少年が、すでに戦地に行っている兄に向かって書いた手紙の形式を取る。すなわち、自分たちも後に続く覚悟をもって一日入営したことが演出されているのである。記事の内容では、制空権が今次の戦争で重要であり、「九軍神の後に続く少年航空兵を、日本はまだうんと作らねばならないこと」が大分航空隊の近藤司令から伝えられたとあり、「兄さん、僕はこんどの見学で、いよ〳〵海軍少年航空兵を志願する決心を一層かたくし」「もう一息勉強して、もう一息体力を練る」（一〇頁）ことにした、とある。

水兵と一緒に海軍体操をする少年たち、飛行

満州でも児童の一日入営が行われた

シンガポールでのラジオ体操講習会

服を着せてもらう少年たちのほか、航空隊の訓練をみて驚く少年たちの写真が掲載されている。飛行訓練に圧倒され口を開ける少年たちの様子は、少年たちのあこがれも表現する。

一九四三年五月一九日号には満州国の国民学校が在満部隊に一日入営した記事が掲載されている。「『前へ〳〵、突け』の気合につれて子供たちの直突も鮮やか」（二一頁）と銃剣術の訓練を受けたり、教官から大砲の説明を受けたり、乾布摩擦後に点呼をうけ、さらに「兵隊さんと枕を並べて」（二一頁）眠りに就く児童の写真などが掲載されている。爆破訓練を見る子どもの後ろ姿の写真には「流石に耳を押さへるやうな臆病者は一人もゐない」とある。彼らも内地の子どもと同じように、皇軍兵士として「北辺の防人《さきもり》の健気《けなげ》な決意を固め」（二一頁）たのである。なおこの年、陸軍の少年兵志願者の受験年齢が満一四歳に引き下げられ、実施された。

本土だけでなく、新たに支配することとなった土地においても健全で健康な身体は育まれた。たとえば、シンガポールでの「ラジオ体操の本格的な講習会」（『写真週報』一九四三年二月一〇日号）を見てみよう。

シンガポールでは「現地民の健康増進をはかるため『まづ最初は国民学校から』」（一一頁）と、占領各地の国民学校から選抜された現地人教師を対象に、ラジオ体操講習会が開催された。指導者は「日本内地でおなじみの松田先生」（一一頁）である。手の角度、伸ばし方を事細かく指導する指導員と指導される現地教師。指導の甲斐《かい》あって「上達」（一〇頁）し、壇上の指導員とともに一斉にラジオ体操をする写真は、シンガポールにおいても日本の指導によって健康な身体が育成されていることを伝えるのである。

遺族の「道徳」

『写真週報』一九四三年五月五日号の表紙をめくると「倅《せがれ》は九段の若桜」と書かれた写真が目に飛び込む。和装の老夫婦の胸には遺族の章が付けられており、その二人は立ったままこちらを見ている。「九段」とは靖国神社であり、名誉の戦死を遂げ英霊としてこの神社に祀《まつ》られ、桜となったことを意味している。名誉ではあるが顔に笑みはない。母親の表情は険しいが、それはわが子を戦争で失った悲しみとしてではなく、「たとひこの腕細くとも、この髪白くとも、み国の仇を討ち遂げるまでは、と新祭神に決意雄々《おお》しく」誓っていると解釈される。二人の表情は決意と意味づけられているのだ。そしてその解釈において、こちらを見つめる二人の目は、同様の覚悟を他の国民にも求めるものとして読み解かれることになろう。

『写真週報』一九四三年四月七日号の表紙は、坊主頭の笑顔の少年である。彼は兄を戦争で亡くした。笑顔の理由は、その英霊に会いに来たからである。

靖国の社頭に頭《こうべ》を垂れ
父の遺志に耳を澄ます可憐《かれん》な姿
やがて父子相伝へて国に殉ぜんことを誓ふ

左 / 『写真週報』1943年4月7日号の表紙
右 / 靖国神社を参詣する老夫婦

われらひたすらその健やかな成育を祈り
心を一つに力を共に
われらすべてがその父たらんことを希《ねが》ふ

という「時の立札」の文章が表紙をめくると飛び込む。息子もまたいずれは国に殉ずる、それに相応の年齢になるまでは日本国民一致し、亡くなった父の代わりとなろうという意味である。

この文章の隣には、「靖国の子ら」（三頁）に東条英機が首相官邸を訪れた遺族の子どもに「父の慈悲」を与える写真が置かれる。緊張した面持ちで列をなす子どもの中、一人の少女の顔を持ち上げ見つめる東条英機は、「父」の象徴である。そして「父」である東条英機は、「決してお父さまの名を恥かしめぬやう……」（一頁）と優しく諭す。つまり、

遺児に話しかける東条英機

父のように勇ましく闘うことを、この子たちだけでなく、全国の子どもにこの写真は伝えるのである。

英霊として父親が眠る「聖地」靖国。そこに県単位でやって来た子どもたちの喜びが写真で伝えられる。列車で長野県からやって来た少年が、駅に着き棚から荷物を下ろす写真には「『さあ、いよ〱東京だ、お父さんのお側に来たんだ』旅の疲れも忘れて……」（四頁）とキャプションが付される。樺太《からふと》からやって来た少年二人が、笑顔で紙にペンを走らせる写真には、「『お母さん、明日はいよいよ参拝です……』」と靖国参拝の喜びを伝えるキャプション。写真に付されたこれらのキャプションが、子どもたちの「喜び」を過剰に演出し、読書を「物語」へと引き込んでいく。厚生省式典や軍人援護会式典では遺児たちが堂々と答辞を述べる写真が掲載され、父親を失いながらも立派な少国民として成長していることを印象づける。沖縄県からやって来た遺児たちの写真には「喜びの御奉告に胸を躍らせる」（五頁）とあるが、彼らの表情に喜びは見られない。遊就館では「お父さまやお兄さまの勲《いさおし》を偲《しの》びながら」（五頁）見学する遺児たちが写真とともに紹介されている。

太平洋戦争開戦から二度目の「遺児の日」に開催された第五回遺児靖国神社参拝には、全国

右／東京駅に着き荷をまとめる遺児たち
左／靖国を訪れる喜びを手紙にしたためる遺児

から四八五九名の「誉《ほま》れの子」（四頁）が集まったという。このように全国から集められた子どもたちは単に参拝するだけでなく、皇后からの下賜品や各方面からの土産品を受け取った。この健気な子どもたちを視覚化することにより、彼らだけでなく全国民の「断乎《だんこ》勝ち抜く日本の決意」（五頁）も一層強くしようとしている。

四　農村の戦争

農村の意味

旅行雑誌『旅』の表紙には、日中戦争開始後、主に農村で働く女性が登場するようになる（森二〇一〇）。彼女らは農村のローカルさ、その純粋さと豊穣さを演出することで、都市民の享楽を諫めるとともに、日本の道徳性の根本を示した。『写真週報』においても農村はしばしば登場する。それは一九三九年の朝鮮半島での干ばつ以降の、輸入、自給両方における米の不足とも関わっている（小田二〇〇八）。

農村の豊穣さの視覚化から見てみよう。『写真週報』一九四二年一二月二日号には「戦ふ国の戦ふ生活」という記事が収められている。ここで登場するのは二家族で、それぞれ農村と都市部を代表する。計五ページの記事は上下に分けられ、上は農村、下は都市部の一家が送る大《たい》詔奉戴日《しょうほうたいび》の一日の様子が写真で紹介されている。大詔奉戴日とは太平洋戦争開戦の詔勅が出された一九四一年一二月八日を記念する日であり、毎月八日がそれに当てられた。この特別な日を日本国民はどう過ごすべきか。それを記事は写真とともに伝えるのである。

記事の導入文は農村部と都市部それぞれ別のものに分けられているが、最初のページの上部に置かれた農村部の導入文にまず読者の目は留まる。そこには次の通り記されている。

その額に刻む幾すぢの深い皺は、雨に憂ひ風に痛む作物への心労を示し、その節くれた骨太の手は、戦時日本の兵站《へいたん》基地をまもつて黙々と敢闘を続ける肉体の労苦を物語る
お天道さまの光を拝み、万物の母ともいふべき大地を耕す虔《つつま》しやかな土の営み、そこに日本精神の根源地としての農村があり、健兵健民の供給地としての田園がある。夫を戦線に送り出した若い妻が、わが子をお国の柱として捧げた老いの身が、そして次代をうけ継ぐ小さな魂が、いまみんな火のやうに一つになつて闘ひ続けてゐる農村の姿を、富士の高

「戦ふ国の戦ふ生活」。上は農村部、下は都市部の一日

嶺を仰ぐ山梨県山梨村の一農家から拾つてみた

いふまでもなくこれは農村における戦時生活の総《すべ》てではない。だが人の力と物の力、天の恵みと知の恩。それが一つに融《と》け合つた尊い農民道をふみ行くところ必ずや身近な共感を呼ぶものがあり、省みて学ぶに足るものがあらうと信ずる（三八頁）

日本の厳しい自然条件と向き合ってきた中で、顔には深い皺が刻まれている。そして日本の食糧を供給してきた彼らの手は「節くれた骨太」である。肉体労働をいとわずに働く彼らの純朴さ、誠実さが称えられている。彼らが住む農村は「日本精神の根源地」である。ここで戦う身体が生み出される。ここで生産された食糧が次世代の身体をつねに作り出す。そしてここで健

家内揃ってお天道さまを拝む写真

全な身体が作り出され兵士となる。

最初の写真は午前六時のもの。一家がそろって太陽を見つめている。キャプションは「家内揃ってお天道さまを拝み、土に祈りつゝ、瑞穂《みずほ》の国に生を享け、この大御代にめぐり合つた有難さを今朝もぢつくり味はひ直す」とある。写真の前面には稲、その後ろに家族、そして山、空が配される。解説文で言及されながらこの写真に現れていないのは「お天道さま」である。「お天道さま」は惑星としての太陽ではない。それは世界をあまねく照らす天照大神《あまてらすおおみかみ》であり、その天孫降臨の天皇である。その天皇が稲を、人を、山の木を育て、空を青くするのである。それは一方的な愛であり恵みである。そしてそれはつねにこの日本を見つめ、与え、守る存在でありながら、人間はその存在を目にすることはできない。だからお天道さまは写真枠の外側

畑を共同で耕す写真は村落の統一性を示す

に位置する不可視の存在なのである。

その下には畑の土に手を入れる写真が置かれている。この後に続く農作業の写真では共同作業であることが強調される。青少年団の奉仕、「乙女部隊」（四一頁）の木炭搬出奉仕、さらには共同炊飯など農村の一体性が演出されるのである。そして、こうした共同作業によって作り出されるのが日本の象徴の「米」である。最後のページには米の検査に合格し、午後六時に隣組の共同風呂で汗を流す写真まで掲載されている。「何んといつても食糧増産は農村に課せられた一番の御奉公だ」（四二頁）というわけである。この文言は一風呂浴びたあとに農会の指導員を招いて開かれた「増産常会」のキャプションである。飲酒や豪奢《ごうしゃ》な食事を控え、あくまで増産のために努力を重ねる農村の実直さが強調される。

食糧だけでなく、次世代の身体を再生産するのも農村の役目である。この一家の四番目の息子が学校で「裸体操に張切る」写真は、「秀麗な富士を仰いでみ宝は錬成する」（四〇頁）とキャプションが添えられている。健康な身体は宝であり、それは日本の象徴である富士山を仰ぎながら作られる。農村一家の写真には出征兵士を見送るものもある。「けふもまた勇士を送り出す妻や妹の健気な激励が、この山峡《やまかい》に木霊《こだま》する。主人も野良着に羽織りがけで村はづれまで見送りに」（三九頁）と解説文が付されているが、「けふもまた」という言葉は、兵士の出征が日常的な出来事であることを意味している。午後三時の写真として戦地の息子から届いた手紙を縁側で読む光景がある。手紙には「殉国の熱誠」（四一頁）が滲《にじ》み出ているとある。この農村からはつねに熱誠を持った出征兵士が送り出されているのであり、それゆえ農村は戦う身体の生産地なのである。

この一家の最初の写真をもう一度見直すと、その構成員が祖母、父と母と子どもたちであることが分かる。父と母の両方が揃って、子どもを再生産し続ける模範的な家族構成なのである。夜には囲炉裏を囲んで夜なべ仕事をなおも続ける。父はワラを編み、子どもたちは慰問袋に何かを詰める。これもまた勤勉で模範的な行為である。そうしながら「戦ふ力を蓄へて大詔奉戴日の一日がくれる」（四二頁）のだ。

米と農村

次に食糧増産というより政治的な目的と農村との関係を見よう。『写真週報』一九四三年九月一日号の「時の立札」には次のような文言が記されている。

ひとくれの土にもひそむ
瑞穂の国の尊さを思ふ
その恵みあますなく耕し穫り
のこりなく戦ふ力とす
たゞわれらが汗と決意のみ

土と「瑞穂の国の尊さ」が結びつけられ、農村は国家の始原の地となる。しかし同時にこの場所は資源の地でもある。戦時においては食糧増産が強く求められ、土は改良を加えられるのである。

一九四三年、政府は食糧の国内自給率を上げるために、今後二年のうちに米麦三五〇万石の増産を目指す第二次食糧増産対策を決定した。暗渠《あんきょ》排水、客土事業、小用排水事業に重点を置

囲炉裏で夜なべする様子

く土地改良事業の拡充と、花卉《かき》や果樹の作付け転換、そして農村労働力を確保するため学徒の動員強化が図られた。三頁には青山学院、明治大学の学徒による堆肥《たいひ》、飼料増産のための草刈り作業の写真が掲載されている。

茨城県での開拓農場

　食糧増産は決して食糧事情の改善だけを目指していたわけではなかった。外米の輸入を止めることで、代わりにボーキサイトを運搬しアルミニウムを大量に生産でき、それによって飛行機の増産が可能になる。つまり、兵力の拡大が大きな目的だったのである。

　そのために農村では農地開拓と作付けの転換が促進された。東京都の「戦時開拓農場」は都市民の転廃業と入植を東京周辺で促した。その一例としてこの『写真週報』で紹介されるのが、茨城県潮来町《いたこ》（現潮来市）の開拓農場である。転業者たちが「炎天下をいとはず、滝のやうに汗を流しながら」（七頁）荒れ地を開拓して米を生産する過程が写真とともに紹介されている。田の開墾や米の耕作が難しい場合には、耕作が簡便で栄養価の高いサツマイモへの転換が推奨された。

　農村の土地はこのようにして積極的に手が加えられる。あらゆるものが戦争と結びつけられ

「資源」となっていたことが分かる。

鍛錬の場としての農村

農業生産力向上を目指し農業従事者の労力不足が補われた。『写真週報』一九四三年八月一八日号は「鍬《くわ》振ふ一万五千の援農生徒隊　北海道」（一〇―一一頁）を掲載している。ここで紹介されている援農青少年部隊は、全国の農学校生徒から選ばれた一万五〇〇〇人と、訓練所の青少年義勇軍や青少年団によって組織されたもので、北海道に宿泊しながら六〇日間、食糧増産の手伝いをする。

この部隊は四〇名一組で、「先生を隊長に軍隊的な編成」をして、「求められるまゝに、命ぜられるまゝに」（一〇頁）一日働き通す。つまり、この作業もまた軍隊と結びつけられ、生徒の規律化を目指すのである。屋外にて前に座る教員の話に一心に聞き入る写真、乗馬しながら農作業する青年たちのたくましさを示す写真のほかに、農家の人たちによって家族同然にかわいがられ夕餉《ゆうげ》を囲む写真も置かれている。

農村での厳しい作業を通して、青少年たちは男になっていくのである。

五　都市の戦争

禁欲都市

都市部における銃後の生活においては過剰な消費の抑制が懸案であった。先に紹介した『写真週報』一九四二年一二月二日号の「戦ふ国の戦ふ生活」は東京のとある一家の一日も紹介する。その導入文から見ておこう。

かつては消費と享楽がその生活のすべてであるかのやうにみられてきた都会の生活もたしかにその姿を一変した。だが然《しか》し、なほその奥底にかつての米英思想に蝕まれた生活態度が蠢動《しゅんどう》してゐはすまいか。個人主義、享楽主義がその生活の総てであつた敵アメリカ人さへ、心掛けを更《あらた》めて我々に立ち向はうとしてゐるのだ。負けてはならない。戦ふ日本の心臓であるわが都会にこそ米英人輩《やから》に真似の出来ない最高度に張りつめた戦争生活が営まれねばならない。大廈《たいか》の陰に射す僅《わず》かな朝陽を浴びて差しのばす双手が健民を生み、白い手に取つた鋤《すき》鍬の耕す猫額《びょうがく》の土も食糧の自給増産に、ひいてはこの国土につながる祖国への愛を燃えたたせるのだ。戦ふ都会。そこにかくあるべき必勝生活の幾面かを帝都一市民の日常にみよう（三八頁）

消費と享楽におぼれる恐れのある都市生活に厳しい道徳性が求められる。もぞもぞと虫が動く「蠢動」という言葉は、その消費や享楽の醜さを示している。しかもそれは米英思想なのだが、戦時下のアメリカでは勝利に向けて享楽を控えた生活が始まっているのに、われわれはどうなのか、本当に道徳的な生活をしているのかと不特定多数の読者に問いかける。重要なのはどのような行為が消費や享楽におぼれた生活なのかが言明されていないことである。それゆえ、問いかけられた読者は懸命に自己の日常生活を見直し、反省し、「最高度に張りつめた戦時生活を営む」ことが求められるのである。

導入文で目に付くのは、都市部においても土や生産に対してこだわる態度である。つまり、ビルの間の日の光、猫額ほどの土地での自給自足が戦う都会を形づくっていく。ここには戦争のために近代化を推し進める必要があり、他方で敵である西洋には「真似の出来ない」ことをするためには日本独自の生活態度を追求するという矛盾がある。この矛盾を写真群は隠しながら、「戦う都会」における模範的生活を示す。

写真群で強調されるのは、健康さ、一体性、奉公、倹約である。健康さから見ていこう。最初の写真は午前六時に一家総出で行うラジオ体操の様子である。またビルに囲まれた運動場で「弱い都会の子供達」（四〇頁）という汚名を返上すべく雲梯《うんてい》で身体を鍛える小学生の写真もある。狭くとも空いた土地で野菜の自給も可能であることを伝える写真。これらは、都会でも健

ラジオ体操する都会の一家

全な身体が日常的に作られることを表している。

農村と異なり土地や血を紐帯《ちゅうたい》としない都会において、一列乗車、集団下校、隣組、回覧板といった「新秩序」（三八頁）が存在することを告げる写真たち。「富士子ちゃんもお国のお手伝ひです。新嘗祭《にいなめさい》には新米の特配ですって。回覧板が新穀への感謝を訓《おし》へる」（三九頁）というキャプションが付された写真は、回覧板が国家にとって重要な知識の伝達に重要な役割を果たすことを示す。隣組での野菜共同購入の写真のほか、「『皆さんの御協力によりまして当第三十群隣組は優良隣組として表彰されこの記念品を贈られました』常会の席上、組長の報告に期せずして拍手と和やかな笑声が湧く」（四二頁）とキャプションが付けられた夜の隣組集会の写真は、「新秩序」が都会において十分に機能していることを伝えるのである。

父親の職場では「親切部隊」（三九頁）が奉仕することで社会的なつながりを作り出す。家庭で二人の女

回覧板を受け取り目を通す女性

性が「やり繰りしたらまだこんなに衣料切符が余つてゐますわ」「ぢや献納さして戴《いただ》きませうね。これも私達でできる立派な御奉公よ」(三九頁)と会話を交わすシーンの写真、「このお釜《かま》や鉄瓶が軍艦や戦車になると思ふと供出もちつとも惜しくありませんわネ。お国のためですもの」(四〇頁)と会話しながら、自宅にある鉄製品を供出する写真は、些細《ささい》なことでも国家のために「奉公」できることを説明する。

奉仕することで享楽に目を向けず、消費を抑制する。「百貨店の飾窓や映画の看板」ではなく、国策展覧会の前で足を止めて見入る写真、「銀座といへば消費と虚栄の檜《ひのき》舞台だつた。だが今日この街を通りか丶つたこの家族部隊は弾丸切手を買つてゆくのだ」(四一頁)と大消費地で国家のための消費をする家族の写真は、ともに自己完結的な消費を諌め、国策に沿ったものとなるよう導いていく。

父の職場における親切部隊の様子

防空都市

太平洋戦争前の『写真週報』一九四一年九月二日号では、空襲に備えてイギリス、アメリカ、ソ連の爆撃機が紹介されている。敵機を正面、側面、上面から描いたイラストと、馬力、最大速度、実用上昇限度、航続距離、爆弾搭載量が数字で示されている。航空機の重要性がかつてないほどに高まり、ヨーロッパでの戦闘で空襲が活発に行われるようになったことから、日本はかなり早い時期より空襲への備えを呼びかけていた。

　空襲のターゲットとなるのは大都市である。そのため、都市における空襲への対応策として防空訓練が繰り返された。『写真週報』一九四一年九月三日号の表紙は無数のマスク。都市防空特集と題された同誌を開くと、夜に上空から航空機が爆撃を行う絵が現れる。爆弾の雨を降らせる敵機を確認するためにトーチライトが浴びせられる。地上では爆撃で損傷を受け煙がモクモクと上がっている。

「われ〱はこゝ数年来毎年防空訓練を行つてきましたが、今年も亦《また》例年通り九月下旬から十月下旬まで総合防空訓練がはじまります」と始まる文章は、航空機による戦闘が主となっている現今の戦争では、ロンドンやベルリンなどのように空襲を受ける都市が増えてきている。「何時敵機の空襲を受けないとも限」らないので、平素から防空訓練を怠らず「わが国土はわが手で護るといふ決意を固めることが最も大切」（一頁）だと呼びかける。絵は敵機来襲の可能性を告げ知らせるのである。

ページをめくると、先ほどの空襲を受けたのであろう地上の様子を描いた絵が目に飛び込んでくる。木造家屋から煙が立ちこめる絵を背景に、白抜きの字の文章が記されている。次の通りである。

無数のマスクの写真が表紙となる

爆弾は炸裂した瞬間しか爆弾ではない。あとは、唯の火事ではないか。唯の火事を、君は消さうともせずに逃げだすてはあるまい

爆撃で火の手が上がる町のイラストを背景にした「時の立札」

召集を受けた勇士を、『一死奉公立派に働いてくれ』と君は励ました
一旦風雲急となった時、この都市を、護るのは今度は君の番なのだ。英霊は君の奮闘を待ってゐる（二一―二三頁）

空襲にあっても逃げださず消火活動に当たることが、国を護ることだと諭される。

空襲は恐れるに足らないというのが政府のスタンスである。なぜならば「わが日本の実力を以てすれば」（九頁）そもそも敵機が来襲することはないからだ。ただし、「わが鋭鋒《えいほう》を逃れた敵の若干機が空襲し来ることはあり得る」（九頁）ので、被害を最小限に食い止めるために訓練する必要があるのである。そのときの心構えは三つ。すなわち「われ〳〵すべてが、一人残らず国土防衛の戦士」であること、「一心

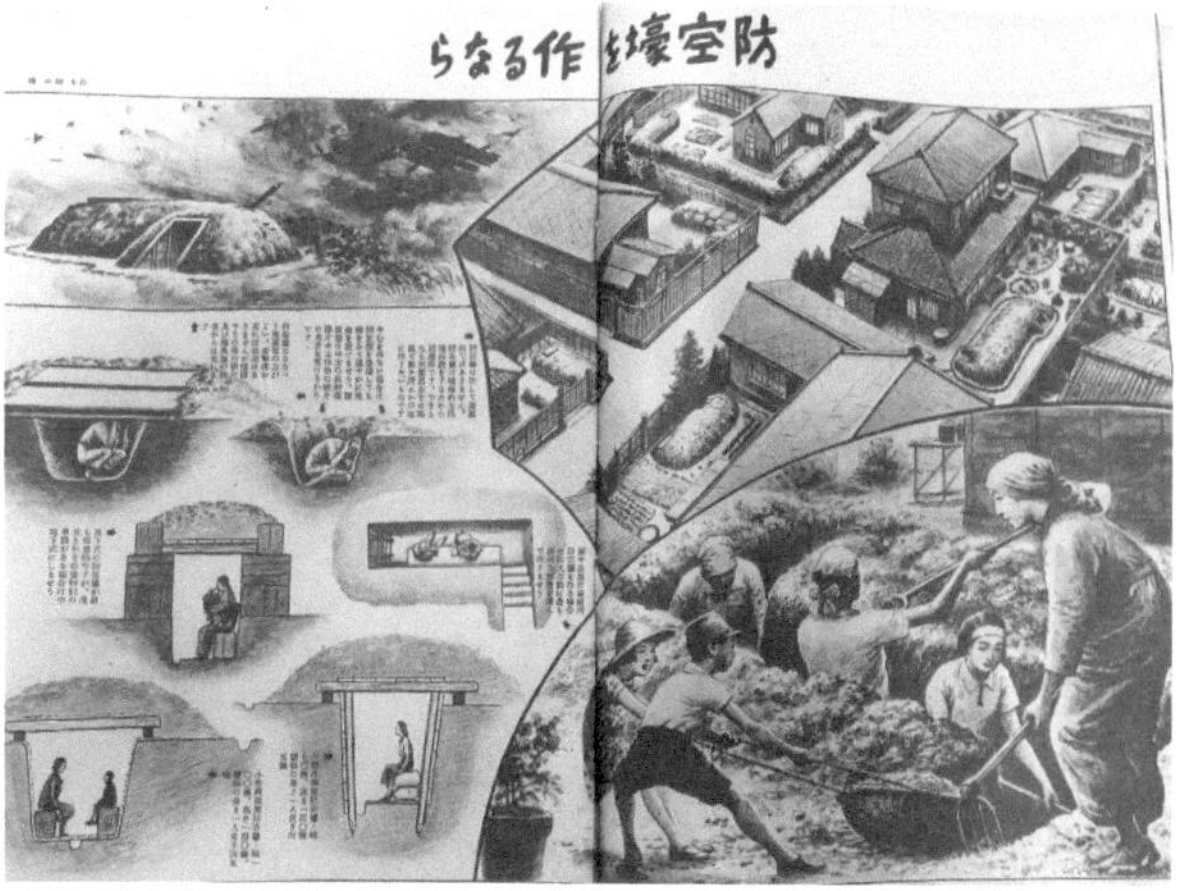

防空壕の作り方を教えるイラスト

一家のことなどは顧みず、どうすれば犠牲を少くするか」に意識を集中させること、「各自持場を死守すること」である。これを守らねば「非国民と言はれても申訳が立たない」（九頁）とまで記されている。空襲が始まれば、わが身を捨ててでも国家を守ることが命じられているのである。

空襲が起きて焼夷弾《しょういだん》が落とされれば、鎮火は隣組単位で引き受けなければならない。そのための用具は各家庭で用意しておく必要がある。防空七ツ道具（実際には七つ以上ある）の防火水槽、ホース、砂土、むしろやかます、バケツ、ハシゴやシャベルのほか消火器、服装が写真と共に紹介されている。

空襲のために重要都市では各戸か隣組に数カ所、防空壕《ごう》を作るよう呼びかけられる。一家総出で、鍬や鋤で庭の土を掘るイラスト。しかし防空壕は避難所ではなく「積極的な防護活動をするための待避所」（五頁）であり、いったん空襲が終わるや消火活動に励まなければならないことが強調されている。つまり、入念備えていなければならないが、空襲を恐れてはならないのである。また国民には空襲が起きたときのためにという名目で、食糧を買いだめしないよう呼びかけられる。食糧は農林省が管理しているので、「金があるからといって食糧の買溜をする利己主義な行動は絶対につゝしまなければならない」（七頁）というのがその理由である。

「国民学校と防空」に置かれた少年警備班の写真

国民学校と防空

空襲が日中に行われた場合、学校での防空活動も必要である。同号の「国民学校と防空」という記事は、御真影奉安庫を護衛する少年警備班の写真から始まる。彼らは「立派な国土防衛の戦士」であり、小さな少年たちもいつか写真の少年のようになるという「重い責任感で幼い胸がひきしまる」（一七頁）。その最初のステップが国民学校を守ることなのである。

右／防空教育の一環として上空を監視する少年
左／毒ガスからの避難練習をする児童

記事には文部省体育局訓練課長による防空教育と体育の関連性を説く文章が掲載されている。つまり、「児童のうちから防空に関する知識を養ひ、防空に関する訓練をやっておいて、有事の際に備へるといふことは、決して忽《ゆるが》せにはできない」。したがって国民学校での防空訓練は重要である。とくに防空に関する訓練は「心身一体の教育」であり、「知徳体が一つに結ばれた教育」（一八頁）であると記されている。そして、防空教育は心身一体、知徳体が一つに結ばれた教育であることを、訓練中の写真が印象づけていく。「対空監視哨《しょう》」の一人が対空監視、他の二人が「刻刻にかはる状況を誌《しる》して本部に報告する」（一八頁）写真、ポンプで消火する男子とバケツで消火する女子の写真、毒ガスが落ちた校舎から「整然と避難する」（一九頁）写真は、心を一つにして消火に当たる訓練の有効性を見せつける。こうして子どももまた銃後の国家を護る重要な役割を担う責任があることが視覚化されていったのである。

本章は『写真週報』を中心に、銃後における国民の心構えと道徳性の視覚文化を明らかにした。銃後の国民が送るべき道徳的生活、持つべき健康な身体、男女の性別的役割、万が一に備える心構えは雑誌の視覚イメージを通して伝えられたのである。また、農村と都市部における模範的生活もまた、視覚化された。こうして、銃後もまた積極的に戦争へ参入することになった。そしてそれは敗戦にまで続けられたのである。

第四章　二一世紀における大東亜戦争

一　戦争をどう見せるか

平和と戦争

太平洋戦争の敗戦後、連合国軍司令部による占領期において「聖戦」を支えた人と物は一掃され、日本は新たな憲法のもと、民主主義的な平和国家としての道のりをスタートさせた。しかし現実には「聖戦」の遺物はこの国の至るところに存在する。そしてそれは亡霊のように立ち現れつつあるのみならず、新たな意味をも獲得している。過去の聖戦は、戦争の記憶の風化が叫ばれる現在において、どのように視覚化、物質化されているのかを本章では検討したい。

そのためにまず考えたいのは博物館展示である。戦後七〇年を迎える二〇一五年四月三〇日、大阪市のピースおおさかが展示内容を刷新して再開館した。具体的には、「大陸への侵略」「朝鮮の植民地化」「東南アジア諸国の受難」などのパネルのほか、南京大虐殺や捕虜虐待などの解説文や、折り重なる遺体や生き埋めにされる住民などの写真など数十点の「加害展示」が撤去された（二〇一五年五月一日付『朝日新聞』）。一九九一年に大阪府、大阪市が出資する財団法人が設立した当館は、二〇一五年五月一日付『朝日新聞』に掲載された一九九二年から三年間事務局長を務めた人物のコメントによれば「日本がアジアで何をしたかを学ばなければ、空襲の背景を十分理解したことにならないという意識」のもと、戦争の被害だけでなく加害行為を等しく扱う公的施設だった。しかしそれゆえ、偏った思想に基づいた展示と厳しい批判に晒《さら》されてきたという。とりわけ、橋下徹氏が率いる大阪維新の会が大阪府議会と市議会で第一党になった二〇一一年、「偏向」が問題視され、橋下氏は展示内容が不適切であれば廃館も考えると府議会で答弁した。こうして展示物だけでなくその内容は大幅に変更された。

ピースおおさかは第二次世界大戦の資料展示によって、戦争と対極にある平和の尊さを伝える。こうした「平和」の資料館は日本中にいくつも存在する。ただし問題は伝えられる「平和の質」である。ピースおおさかの場合、日本が太平洋戦争で行った加害の展示を排し、戦争への道のりと空襲の被害の歴史を前面に押し出しながら、平和の重要性を訴えかける。同様に加害の展示を取りやめた博物館として埼玉県平和資料館がある。加害展示を取りやめた理由は諸説あるが、いずれにしても現在は同県の熊谷市での空襲被害を前面に押し出している。日本の被害性と加害性の両面を示すだけでなく、メディア批判や世界での暴力まで幅広くカバーする公立博物館として特筆すべき川崎市平和館はむしろ珍しい。

女たちの戦争と平和資料館が全国の公費で運営される歴史や戦争を展示する二〇五の国公立博物館に対して行った調査では、回答が寄せられた四七の施設のうち戦争の被害だけを伝えるものがほとんどで、加害も伝えるものは六件にすぎないことが判明している。しかも国立の博物館で日本の加害を伝えるものは無かった。現代において過去の戦争をすべて伝える博物館は思いのほか少ないのである。

東京の新宿駅近くに二〇〇〇年一一月に設置された、総務省委託の平和祈念展示資料館を見てみよう。総務省委託であるため、政府の平和への見解が反映された展示と考えることができる。この資料館は、第二次世界大戦後に、兵士、戦後強制抑留者および海外からの引き揚げ者が経験した労苦を、展示や映像によって人びとに知らせることを目的とする。どのような労苦を経験したのか。資料館の説明文を拾ってみたい。

兵士：さきの大戦において、国のために家族を残し、危険な戦地に向かい、命をかけて戦務に従事し、大変な労苦を体験された方々です。その中には、軍歴期間が短いために年金や恩給を受給できない方々（恩給欠格者）もいます。

戦後強制抑留者：戦争が終結したにもかかわらず、シベリアを始めとする旧ソ連やモンゴルの酷寒の地において、乏しい食糧と劣悪な生活環境の中で過酷な強制労働に従事させられた方々です。

海外からの引揚者：敗戦によって外地での生活のよりどころを失い、身に危険が迫る過酷な状況の中をくぐり抜けて祖国に戻ってこられた方々です。

これらの労苦はどのような物品で来訪者に伝えられるのだろうか。兵士のコーナーでは「赤紙」と呼ばれる臨時召集令状、千人針、軍隊手牒《てちょう》、軍装品のほか、慰問袋、伝単、食器などが展示される。館内の説明書きによれば、これらが「徴兵制や兵士と家族の思い、厳しい軍隊生活、戦場での苦難、終戦による復員」を物語る。

兵士コーナーの次に待ち構えるのが、「わずかな食糧と不衛生な環境の中、過酷な労働を課せられる抑留生活を強いられ」た写真、絵画、ジオラマを展示する抑留コーナーである。敗戦後に兵士たちが経験したソ連による不当な抑留と強制労働の理不尽さと過酷さは、とりわけ「収容所（ラーゲリ）の食事」のジオラマで強烈に見せつけられる。館内にはただシベリアの極寒を想起させる吹雪の音が流され、寒く暗い粗末な建物の中で、身を寄せ合い寒さをしのいだ抑留者たちが眼に浮かぶ。酷寒との闘いを物語るジャンパー、飢餓との闘いを物語る飯ごう、食べ物を交換によって得るために切り取られた防寒具の話などは、労苦を物質的、視覚的に見せている。三波春夫や吉田正の抑留体験談の後には、抑留者の帰還を要求する帰還促進運動の貼り紙やたすき、幟《のぼり》が展示され、日本に残された家族のやりきれない思いも伝えられる。

そして引き揚げの混乱状況は、ジオラマ「引揚船の船底で」が物語る。海外からの引き揚げを伝える展示の後には映写室があり、二〇分ほどの展示内容に関わる映像を視聴することが可能だ。私が訪れた二〇一五年三月にはシベリア抑留のドキュメンタリーが映写されていた。これらの博物館、資料室での平和とは戦争の被害と悲劇を繰り返さないことで成就されるものなのである。

「平和」の言葉と視覚的イメージ

平和祈念展示資料館の英語名は、Memorial Museum for Soldiers, Detainees in Siberia, and Postwar Repatriates であり、実は平和を表す Peace が入っていない。直訳すれば兵士、シベリア抑留者、戦後引き揚げ者のための博物館となろうか。しかし日本語になると平和が加えられる。これは第二次世界大戦後の日本が作り上げてきた「平和」への想像の仕方と関係していると思われる。

石田雄《たけし》は戦前と戦後にかけての「平和」という語の多義性と政治性を明らかにする。敗戦後、アメリカ的な秩序のもとでは曖昧《あいまい》な意味だったこの言葉は、一九五〇年の朝鮮戦争を経て共産主義勢力に対抗し、それによって平和を実現するという武力行使を容認する「力による平和」へと収斂《しゅうれん》していく。こうした国家規模での平和と別の次元で、「平和な家庭」の実現に対する保守的な強い意識が一九六〇年代を中心に醸成された。この意識は国家が非民主的な方法で戦争に向かおうとするときには烈しい抵抗意識を向けるが、通常は自らの家庭空間の平安に関心を寄せる。もちろん、一九六〇年代後半からのヴェトナム戦争の激化において自己の加害性を意識する人びとも存在したことを石田は指摘する。

戦後、日本は第二次世界大戦の惨禍から奇跡的な経済復興を経験した。この間、日本の外では、朝鮮戦争（一九五〇〜五三年）やヴェトナム戦争（一九六〇〜七五年）が起こっている。アメリカ軍はこれらの戦争において、日本本土と沖縄の米軍基地を主要な補給基地として利用した。また、基地周辺には、基地関連の職業に就く者、米兵に春をひさぐ者も多く存在した。こうした日本の戦争への「関与」は、あるときには見えなく、語られなくされ、別のときにはそれがアジア地域の「平和」に貢献すると説明されてきたのである。

かの戦争における暴力性はさまざまなメディアを介して提示されてきた。しかし戦後は一貫した戦争の視覚イメージを作り出してきたわけではない。社会学者の福間良明による『「聖戦」の残像』（人文書院、二〇一五年）は戦後の日本における聖戦の記憶と忘却を丹念に辿《たど》りながら、戦争の無残さや矛盾の記憶と忘却の対照性を描き出す。一九五五年に公開された映画「人間魚雷回天」では戦争における兵士の死の無意味さが描かれるのに対して、二〇〇五年の「男たちの大和／YAMATO」は男たちの友情を前面に押し出すことで、戦争の不条理を覆い隠す（福間二〇一五）。おそらくそうした傾向は、一九九〇年代末以降に顕著になる「自虐史観」批判と歴史修正主義の勃興《ぼっこう》と関わっている。とりわけ福間（二〇一五）が強調するのが一九八〇年代における戦争映画の「正史」化である。戦争のさまざまな解釈や視点が、一九八〇年代になると単一化する。この指摘は戦後の聖戦の解釈学において非常に重要である。

博物館展示に関して言うなら、二一世紀に入って三つの歴史修正主義的な方向で平和の展示が行われている。一つめは、ピースおおさかや平和祈念展示資料館で見た被害の強調、二つめは、遊就館で見られる戦士の崇高さを称《たた》える展示、三つ目が二〇〇五年に広島県呉《くれ》市に開館した大和ミュージアムのように戦時中の技術展示に特化する展示である。大和ミュージアムは呉の軍港開発や戦時中の戦艦大和の開発を純粋な技術的発展として提示し、しかも戦後の日本の技術的繁栄にまでつなげていく。そこから出港した軍艦が戦時中に何をしたのかは語らない。一番の違和感は大和に関わる資料展示を見終わったあとに、三階に設置された子どものための科学技術体験コーナーである。それは完全に科学と政治を切り離すのである。

大阪というローカル性

ピースおおさかの話に戻り、現在の展示内容を見ていこう。入館後、チケットを購入し、受付を通過した訪問者の目には、「第一次大阪大空襲後の千日前（大阪市中央区）歌舞伎座屋上から北の方の風景」という巨大な白黒写真パネルが飛び込む。大阪大空襲によって灰燼《かいじん》に帰した大阪市街のこのパネルは、この資料館が大阪大空襲の被害の様子を展示することで平和と戦争について考えるものであることを明示する。パネルの横には「あの日　あの時　〜大阪空襲〜」というタイトルの左のような文章が記された透明のパネルが置かれる。

21世紀に輝く大阪。
たくさんの人々が行き交い、笑顔があふれています。
でも……知っていますか。
先の大戦末期　１９４５（昭和20）年、
大阪の街は、見渡す限り焼け野原になりました。
激しい空襲にあい、家族や友だちの尊い命が一瞬にして奪われたのです。
なぜ　大阪が、日本が……と問いかけ
あの悲劇を二度と繰り返さないという決意をこめて
私たちは　未来を担う子どもたちに語り継いでいきます。
あの日　あの時のことを……。
いつまでもこの平和な街、大阪を残すために、
そして、それが世界の平和につながることを願いつつ……。

大阪大空襲の悲劇を繰り返さない。そのために、過去の出来事を展示する。こうしたメッセ

ージがここに込められているのだろう。「なぜ　大阪が、日本が」空襲の被害にあったのか。それを理解するためには、第二次世界大戦の歴史的文脈を知ることが必要である。そうした巨視的視座からは、時代の潮流に翻弄《ほんろう》され戦争に向かわざるをえなかった日本の姿がたしかに浮かび上がってくる。しかし、同時に、こうした悲劇は決して日本だけで起こっていたのではないし、日本だけが被害者であったわけでもないことを知る必要もあるはずだ。そうした政治的、経済的文脈の被害と加害の理解を通して、同じ失敗を繰り返すことなく、「平和」を守っていくことができるだろうが、ピースおおさかはこれらについて語ることを止めた。

このパネルの向こう側に映し出されるのが、従来の「加害展示」に代わって制作された「世界中が戦争をしていた時代」の映像である。映像は日清《にっしん》・日露戦争から始まる。アジア諸国の植民地化をもくろむ欧米列強に対抗し独立を守るため富国強兵を推し進める日本は、朝鮮半島の利権をめぐって清国と戦争し勝利を収めるも三国干渉に遭い遼東半島での利権を失う。これが一九〇四年からの日露戦争に繋《つな》がり、その後、満州での利権をめぐってはアメリカと対立する状況が語り出される。欧米列強、および日本が政治的、経済的利害関係に基づいてアジア各国へ支配を広げていく過程を描くことで、日本だけでなく欧米列強が野心的に植民地を獲得していた世界であり時代だったことがほのめかされる。こうした相対化のほかに、ナレーションでは「侵略」という語が使われず、こうして日本の加害性は薄められていく。

「小さきもの」への共感

一四分の映像が終わると、新兵器の登場と被害の拡大を伝えるパネルが待つ。ここでも具体的にどのような兵器を日本が用いて戦争を行い、どれほどの被害を与えたのかは示されない。あくまで加害は相対化されるのである。それに目をやりながら大阪が明治時代以降、軍需産業の都市であることを伝える「大大阪と『軍都』大阪」の展示空間を抜けると、突如「人々」の展示へとスイッチが切り替わる。つまり、戦時下の学校生活を伝える「子どもたちの戦時下のくらし」、戦時中の日常生活を写真や広告で伝える「戦争と人々のくらし」、さらに空襲に見舞われていた当時の大阪市の民家が再現される「空襲前夜~次は大阪か~」の展示が置かれているのである。日本の戦争行為を相対化することで淡々と伝えていた展示が、突如、大阪の身近な日常生活や「人々」へとその語り口を替えることで、来館者はその展示との心理的距離が縮められる。そして、その上で語られるのが大阪大空襲の被害なのである。

戦時下の民家を再現したコーナーでは戦争で一家の主《あるじ》を失い、長男も勤労動員で不在の家族の会話が流される。会話には、母親、次男、次女が登場する。この構成も重要である。というのも、「男」を失った弱き家族への米軍の攻撃がそこで演出されるからである。三人の会話は左の通りである。

次女：お母ちゃん、お腹へったわ。
母：わがまま言うたらあかんで。お姉ちゃんは疎開先で頑張ってるし、お兄ちゃんも勤労動員で汗流してんねや。戦争で死んだお父ちゃんも見てるで。賢こうせなあかんよ。
次男：ほんまほんま。
次女：わたし賢こうしている。今日も学校でちゃんとやったで。
母：お母ちゃん、今日もバケツリレーの訓練やってきたで。
次男：せやなぁ、空襲あるかも知れんし。
次女：空襲って何？　怖いん？
次男：空襲言うてもそんな怖わないってきいたで。そのうち日本が勝つに決まってるわ。
母：もうこんな時間やで。二人とも早う寝なさい。
次男・次女：はーい
（しばらくしてサイレン）
次男：お母ちゃん、空襲や！

この後、この家族がどのようになったのかは伝えられない。しかし、無邪気でか弱く、何の罪もないこの家族の静寂は空襲によって破られる。

そこから一階に降りるスロープには大阪大空襲を経験し、生き延びた人が空襲やその被害の様子を描いた一四点の絵が展示される。胸が詰まるような気分で絵を見ながら一階の展示室に足を踏み入れると、薄暗い展示室の入り口右側には、無機質で冷たい一トン爆弾の模型二つが置かれる。大阪大空襲の被害の様子を伝えるパネルがいくつも展示されているが、この展示室で私の関心を引いたのは、防空壕《ごう》の体験コーナーと、米空軍の視点から見た空爆のCGである。

狭い防空壕に背をかがめて入り込むと、照明が暗くなったり、音が聞こえたり、さらには空爆の振動を体験したりすることができる。来館者がこれを経験する姿勢が重要だ。というのも、防空壕の中ではすでに記したように身体をかがめ、狭いところに入り込んでいる。もっとも攻撃に弱い体勢を取りながら、被害を受ける追体験をすることになる。か弱い大阪の民衆に感情移入するのが容易である。

一方、それとちょうど反対側にある展示室の一番奥で映写されるのが、空襲のCGである。映像は大阪の日常風景を上空から捉《とら》える。その平和な風景が一九四五年三月以降、B29戦闘機の焼夷弾《しょういだん》による民間人への無差別攻撃により破壊される。大阪市の地図に、第一次から第八次までの被害が赤で色塗りされる。この色は空襲で流された人の血を連想させる。さらには、米軍は広島と長崎への原爆投下のため、大阪市に模擬原爆を投下したことも伝えられる。

この映像は照明を落とした壁と床に映写される。爆弾が投下され、激しく燃え上がる街の様子が、轟音《ごうおん》とともに映される。すなわち、直立する来館者は床の上に映写された爆撃を目にすることで、まさに米軍機の乗組員の視覚経験を追体験することになる。ただし来館者はすでに、これから空襲を受ける母子が住む民家展示も、空襲の惨劇を伝える絵も、そして防空壕も経験しており、それら想像することもない米兵とはまったく異なる。むしろ、爆撃されて死んでいく人たち、大阪人たち、すなわち私たちを知っていながら、米軍機と同じ場所にいるために救うことのできない無力感にさいなまれる。こうして被害の大きさが感得されていくのだ。

英霊の物質化

太平洋戦争において靖国神社は国民統合と戦意高揚に重要な役割を果たした。国家に殉じた兵士の魂は「英霊」と呼ばれ、それを祀《まつ》る東京招魂社が一八六九年六月に創建された。それが靖国神社と改称されたのは一八七九年であり、このとき国家のために功労のあった人臣を祭神とする神社である別格官幣社《べっかくかんぺいしゃ》に列格され、しかも一般の神社と異なり陸海軍省の下に置かれた。一九四五年に敗戦を迎えると、一九四六年九月、靖国神社は宗教法人として登記された。管轄は時代により変わるが、靖国神社は目にすることのできない英霊を視覚化、物質化するための装置であり続けた。

この靖国神社の本殿の裏側にまわれば、遊就館の偉容が眼に入る。遊就館の名は、『荀子』勧学篇の「君子居必択郷、遊必就士」（君子は居るに必ず郷を択び、遊ぶに必ず士に就く。意味：君子は、住む場所は必ず環境のよい所を選び、清廉な人物と交わる）という文言に由来する。『靖国神社遊就館図録』第五刷の最初には次のような文言が置かれている。

館名の「遊就」は、高潔な人物に交わり学ぶという意味ですが、展示された一つひとつの品々には、遊就館と命名した先人の願いや「安らかな国づくり」のために尊い命を捧げられた英霊の「まごころ」がこめられています。
愛する祖国、愛する故郷、愛する家族のために、尊い命を捧げられた英霊の「みこころ」やご事跡に直接触れることによって、日本人として忘れてはならない、さまざまな事象や歴史を学ぶことができるのではないでしょうか。

つまり、遊就館は日本の英霊に直接触れることで、現代人が「歴史」を学ぶことのできる場所だと解説されており、この意図の下、特定の物品が特定の解釈を与えられ、配置されている。遊就館もまた英霊の視覚化、物質化装置なのである。

現在の遊就館の展示は現代の日本における聖戦の意味づけと大きく関わっている。というのも遊就館の展示内容は時代ごとに変化しているからである。戦前の遊就館の館長は陸軍大臣と海軍大臣の奏上によって内閣によって任命され、館の運営は両大臣の監督下にあった。戦後は靖国神社宮司の下に遊就館の職員と収蔵品は置かれている。また、戦前の遊就館は歴史的な武器や戦利品の陳列を通して、戦争と軍事の歴史を展示することが中心だった。一方、戦後、とくに二〇〇二年の展示の全面的リニューアル後は近代以前の軍事史の展示が縮小され、代わって日本がアジアを侵略する欧米列強に対して自衛のために戦ったという歴史観を前面に押し出すようになった（丸山二〇〇七）。なかでも英霊の死を悼み、慰め、それによって日本人の「誇り」を取り戻す空間としての機能は特筆すべきであろう。

遊就館に限らず、博物館とは決して価値中立の展示空間ではない。それは特定の解釈に基づいた物語を物質的、視覚的に提示する空間である。遊就館においてはその物語が日本人の悲劇、誇りとして「詩的」に語りかけられ、日本人の国民意識を刺激する。とりわけ、ここでは現代の遊就館が強調する「英霊」と「自存自衛」の展示について注目し、それが聖戦をどのように意味づけているかを考えてみたい。この遊就館のハイライトが第二次世界大戦での英霊の活躍であり、その戦争を一貫して「大東亜戦争」と呼んでいることには注意が必要だ。それは、この戦争がアジアの正義を守るためであったことをはっきりと示している。

それを感じることができるのは、元帥刀《げんすいとう》の左横のパネルである。ここには先に紹介した遊就館の由来である漢詩「君子居必択郷、遊必就士」の下、三〇人の元帥の肖像が環状に置かれる。環状に置かれる肖像はどれも同一の位階にあり、しかもその円には中心があることが言外に意味される。その中心には何もない。空白で不在の何かは、自明のものでもある。すなわちそこには国体、皇室、天皇が不可視のまま存在するのである。天皇と男性の元帥、その下には国民たちが連なるはずだ。

肖像の下には次のようなキャプションが添えられる（文意を変えないように適宜句点を打ち、

行をつなげ、また段落に分けている)。

建国より二千六百有余年。東海の美しい列島に、我が国は独立して文化をはぐくんできた。しかしこの独立は当然にしてあったのではない。大八洲《おおやしま》と称されるこの国土には、歴史上いくつもの戦いがあった。世界史の大きな潮流のなかで、必死にこの国を守り支えてきた先人たちがいた。この国の自存独立が危うくなったときつねに矛をとり第一線に赴いたつわものたちがいた。つわものたちは国家の命ずるところに殉じた。

国の鎮め。命をかけて国を護《まも》り、郷土を守り、家をまもり、近代日本の礎となった将兵たちのいさおしをたたえ、霊を慰め、安らかに鎮まるのを祈るところが靖国神社である。この聖なるところに遊就館は建つ。

「君子、居るに必ず郷をえらび、遊ぶに必ず士に就く」。「荀子」勧学篇から、この館は名づけられた。先人の魂にふれ、その志についてまなぶことは、現代に生きる日本人の生き方である。

最初の段落は、日本が政治的にだけでなく文化的に独立していたこと、それが先人たちの戦いによって維持されてきたこと、先人たちの戦いは「世界史」の潮流の中で避けられないものであり、自衛のためだったこと、そして彼らは国の命令は絶対であることを伝える。日本を超えた大きな歴史的な潮流で、外敵がやって来た。その侵入を防ぐために「必死」に闘ったと、戦争に国家存続のための護守という意味を与えていく。ここでは海を越えて外敵が侵入してくるのを必死に守り抜く先人の姿が言語化され視覚化されているのである。第二段落では、国、郷土、家という相異なる地理的スケールが登場する。これらを防衛するために男たちは闘う。そこで興味深いのは「護る」「守る」「まもる」の違いである。「護る」は制度や組織の公的な防護で用いられる。「守る」はそれよりもややくだけており、ひらがなの「まもる」は私的な感情をともなう防御を意味する。国家の護りが家族のまもりと結びつけられる。そして第三段落は遊就館の語の由来を説明し、この空間を拝観することの現代的意義を説く。それは日本人の現在の生き方に指針を与えるとされる。こうして「聖戦」は現代において、日本人を護る「自衛」の意味を再び帯びるのである。

護る・守る・まもる解釈と歴史の視覚・物質性

展示物も聖戦における「護り」「守り」「まもり」を心情的に訴えかける。ここからは展示内容を見ていくが、先に述べた通り、「護る」は国家的防御、「まもる」は日常生活の範疇《はんちゅう》での心情的、地縁的つながりにおける防御を意味するものとして使用したい。

展示室11大東亜戦争の入り口前には京都府立福知山中学校の生徒、約七〇〇人が大野部隊福知山歩兵第二〇連隊の武運長久を願って寄せ書きした国旗が飾られている。そこには「必勝」

という言葉を中心に、生徒の名前が記されている。国民の期待を背負い国家を護るため、そして国民の命をまもるため、命を賭《と》して戦う英霊の勇気を読み取ることが要請される。室内に入ってすぐのところにはヨーロッパの勢力地図と情勢を地図で示した「第2次世界大戦の勃発」のパネル、そしてその向こうのゲートをくぐると、日本を巡る経済情勢と日本の物資の海外依存度を示すパネルが目に飛び込む。これらのパネルは、資源を外に頼らざるを得ない日本が、当時の政治経済的な状況において国家を護るため、仕方なしに戦争へと進まざるを得なかったという解釈を来訪者に提示する。たとえば、ここには次のような説明文が展示されている。

そのため、米国からの輸入が途絶えた場合の新たな資源獲得は国家の生存に関わる重大な問題であった。

アメリカからの日本への物資提供が停止したために、国家が危機に陥ったことが説明される。その次には日本を経済的に孤立させたABCD包囲線の完成に至る年表、日本がアジアに依存する資源（ボーキサイト、ニッケル、石炭、鉄鉱石、マンガン、石油、金属、ゴムなど）を示す地図が順に置かれる。そこにこのような説明書きがなされている。

一方、東南アジアの資源は豊富で、石油や鉄鉱石をはじめ重要資源のほとんどを補うことができた。問題は、これらの地域が英国・オランダの植民地で、米国の勢力圏にあることであった。

そうして次には、日本の貧弱な資源保有量が示され、資源獲得が国家を護るための方策であることが説明される。こうして、日本のアジア進出が正当化される。

ただし、日本は戦争を望んでいたわけではないことも同時に示される。つまり、米国が蔣介石に援助することで日米関係が悪化したものの、日本側としては何度も和平を模索した。しかしアメリカは原則論を振りかざす。こうした説明の中で、日本の交渉のアメリカ側の当事者であったコーデル・ハル国務長官によるいわゆる「ハル・ノート」や、日本の和平交渉案「甲案」「乙案」の内容が展示され、和平を望む日本がやむなく開戦へと導かれた過程がドラマチックに描き出される。国家を護るための聖戦である。

真珠湾攻撃を命令する「ニイタカヤマノボレ」の電文が展示される展示室12から、終戦、日本再建への道を展示する展示室15までは「大東亜戦争」を紹介する。真珠湾攻撃からの快進撃から、蘭印（インドネシア）攻略作戦中の「軍紀」を遵守した「温情を基調とする開放的な軍政」で「インドネシア人と一体となって、インドネシアの発展に尽くすこととなった」こと、「現在も一部区間がタイ国内の重要な輸送手段として当時のまま用いられている」泰緬《たいめん》鉄道建設が説明されている。日本軍はアジアの人びとから受け入れられ、アジアの文明化に寄与したというわけだ。アジアを護る盟主としての日本というイメージである。

とりわけ、展示室15の最後には「第二次世界大戦後の各国独立」というパネルが掲げられている。


日露戦争の勝利は、世界特にアジアの人々に独立の夢を与え、多くの先覚者が独立、近代化の模範として日本を訪れた。しかし、第一次世界大戦が終わっても、アジア民族に独立の道は開けなかった。

アジア民族の独立が現実になったのは、大東亜戦争緒戦の日本軍による植民地権力打倒の後であった。日本軍の占領下で一度燃え上がった炎は、日本が敗れても消えることはなく、独立戦争などを経て民族国家が次々と誕生した。


欧米列強の植民地支配からアジアを解放した。それが大東亜戦争という語の指し示す正義である。

不思議なことに、泰緬鉄道では連合軍捕虜が作業に携わったことは説明されているが、それがどのような労働条件だったのかは記されていない。この泰緬鉄道建設では日本兵のほか、連合国の捕虜、「ロウムシャ」の強制労働があり、一万人以上の捕虜が過酷な労働によって命を落としたと言われ、その実情はタイのいくつかの博物館で詳述されている。また第二次大戦後の各国独立の地図には、中国や朝鮮半島、台湾なども独立国として描かれているが、それらがどこから独立したのかについては沈黙している。つまり、遊就館が語りかける戦争は、特定のものを除外した上で特定の視点から作られたイメージだと言えるだろう。

その上で特定の場面や思想が強調される。それが命をかけて戦った英雄の死に様である。五つある「大東亜戦争」展示室のうち、三つめからは戦局が厳しくなっていく状況が展示される。展示室13「大東亜戦争3」は攻防の転換点としてミッドウェー作戦とガダルカナル作戦を紹介する。ミッドウェー作戦の紹介コーナーには戦争画「提督の最後」「ガダルカナル島で第三八師団団長佐野忠義陸軍中将、出撃する大野斬込み挺身隊と別れを惜しむの図」は、国を護るため身を賭してアメリカに少しでもダメージを与えようとする男たちを、視覚的に描き出す。

同展示室のニューギニア作戦では

> 後に新設された安達二十三中将率いる第18軍が、人間の限界をこえた苦闘に耐えて、アイタペで終戦を迎えるまで戦い抜いた作戦である。この間に発揮された崇高な人間性は、ブナの玉砕、ダンビールの悲劇、サウワナット山系の縦断などに多くの逸話を残した（傍点は引用者）。

と壮絶な戦闘が紹介され、絶対国防圏アリアナ決戦の紹介では、南雲中将の訣別電報、自決した小畑中将の「われ身を以《もっ》て太平洋の防波堤たらん」と記した色紙揮毫《きごう》もまた、日本本土を護るために身を捧げた英霊の勇気を称える。こうした展示のクライマックスの一つは、展示室13の特攻作戦である。

館内で来館者に説明してまわる神官姿のガイドは、特攻隊員たちは縄でぐるぐる巻きにされ逃げられない状態で特攻に出ていると当時のアメリカで噂されたことを紹介した後で、来館者たちに次のように語りかけた。

とんでもないことでございます。特攻隊の方々は自分の家族をまもりたいという崇高な思いで命をかけて戦ったわけですから（二〇一五年三月一九日）

愛する者、残された者たちの未来のため、今、自分の命を捧げる。護るとまもるが展示に対する語りにおいて結びつけられていく。その解釈こそが遊就館に意味を与えていくのである。

展示室16から18まで続く「靖国の神々」は、英霊の写真と名前を提示することで「護る」「守る」「まもる」の結びつきが日本人の心情を刺激する。多くの英霊は「普通」の若者であり、その彼らが「聖戦」のために命を落としたことの悲劇とともに崇高さが展示されるのである。とりわけ展示室18は特攻隊員たちの写真や遺品、遺書を展示する。来館者たちは普通の若者の心情を慮《おもんぱか》りながら歩みを進めるのであるが、こうした陳列品には、死にたくないのに飛び立った者、死を前にした葛藤《かっとう》は決して表れてこない。戦争中にあったはずの無数の言動、命は、たった一つの護る、守る、まもる物語へと遊就館で収斂されていくのだ。

二　戦争映画の二一世紀

『永遠の0』は戦争賛美なのか

二〇〇〇年代、若者の男性を主人公に据えた第二次世界大戦の邦画が作られている。福間（二〇一五）が明らかにしたように、そこでは戦争の悲劇が男たちの友情の物語と結びつくことで、戦争の不条理さが、無意味さが覆い隠される傾向がある。そのもっとも代表的なものは、二〇一三年に公開されると七〇〇万人をこえる観客を動員した『永遠の0』である。百田尚樹が二〇〇六年に出版した同名の小説をもとに、監督である山崎貴が、林民夫とともに脚本を担当した。

映画のストーリーを簡単に整理すると次の通りである。

司法試験に落ち続けたことで、自信を失い、定職に就かずにいた主人公の佐伯健太郎は、フリーライターの姉と実祖父の宮部久蔵について調べ始める。宮部久蔵は健太郎と同じ二六歳のとき特攻兵として戦死していた。祖父の知人を訪ね歩く中で、戦闘には参加しない「海軍航空隊一の臆病者」、「何よりも命を惜しむ男だった」と祖父を描写する者がいる一方、残された家族や下士官らの行く末を思い、命を大切にすることを説く。戦局が厳しくなり、特攻部隊が編制されるようになっても、教え子たちには生き残ることを力説するが特攻部隊で名誉の戦死を遂げる教え子が出始めると、精神的に激しく消耗していく。そして久蔵は、鹿屋《かのや》海軍航空隊の鹿屋飛行場から特攻のために出撃し、米空母に突入することになる。宮部は突撃の直前、自機の異常に気づき、部下の大石賢一郎と航空機の交換を申し出る。不時着したため生き残ることになる大石には、宮部より妻と娘を託すメモ書きが残される。戦後、彼の妻と娘を訪ねた大石は、宮部の妻と結婚する。主人公の青年はこうした一連のことを知り、国を護る行為が、家族をまもる行為でもあり、そうした命のつながりの中に自分が生かされていることを知る。

映画『永遠の0』が封切りされると、映画監督の井筒和幸は二〇一四年一月一六日の深夜に放送されたラジオ番組で、「特攻を美化している」と批判した。報道によると、生きたいと考えていた主人公が最終的に特攻機に乗り込む筋書きの不自然さのほか、特攻隊に行かない人がいた一方、行かなければならない空気があったという証言をもとに、同作を批判したという。また、二〇一三年六月一八日付の『朝日新聞』で作家の石田衣良は「君たちは国のために何ができるのか、と主張する」「右傾エンタメ」が人気を獲得する状況を指摘する。石田はその傾向を『永遠の0』の出版時（二〇〇六年）から気に掛けていた。

一方、百田は同小説において特攻を断固として否定すると主張する。たしかに、主人公は戦争の悲劇に呑《の》み込まれながらも、途中まで戦争のために死ぬことを否定する。その主人公の生き様は、生き残った友人や部下たちの何人かから賞賛される。また、作品の中では何度も日本軍や政府に対する批判がなされる。その意味では、戦争賛美や戦争の美化とは対極にあるように思われる。

こうした戦争の美化か否かという単純な議論の構図は、『永遠の0』のみならず昨今の「保守」の論をきちんと捉えられない。なぜなら問題とすべきは戦争賛美よりも根深くかつ幅広いからだ。むしろ「日本人」の立場や価値観の様々な「差異」を認めず、単一の「日本人」の物語を作り出そうとする欲望にこそ目を向けるべきだろう。

この作品は、次の四つの特徴を持つと考えられる。(一)厖大《ぼうだい》な資料に依拠しながらも、筆者である百田尚樹が描き直した太平洋戦争史であり、彼の解釈であるという特徴、(二)過去を描きながらも、現在を生きる「男」の「成長」史であり、他の男性たちにも成長を促すという特徴、(三)成長した男を中心にした「家族」の再生史であるという特徴、(四)この家族の積分としての「日本国民」の誇りを再生しようとする特徴である。

現代の軽薄さと自虐史観批判

小説と映画の間の相違点を見てみよう。

主人公に祖父のことを語る人物の数の違いがまず挙げられる。上映時間に制限がある映画では、すべての語り部を登場させることは難しい。そのため映画ではもっとも効果的に作品のメッセージを伝える人物が選ばれ、しかも戦争の歴史的経過を語る場面が削られていることも挙げられる。実はそれだけでなく、意図は不明だが、小説の軍上層部の暴走を登場人物が激しく糾弾する場面も削られている（小説では軍の上層部の伝達組織や意思決定機関の脆弱《ぜいじゃく》さを批判する発言が少なからず見られる。たとえば、真珠湾攻撃の際の宣戦布告の遅れは前日の日本大使館職員のパーティーに起因するもので、布告の遅れが日本を「だまし討ち」の卑怯者《ひきようもの》へと堕し、さらにアメリカの愛国心に火をつけたことが、前後の脈絡からいささか脱線気味に挿入される）。さらに、小説では主人公の姉に思いを寄せる姉の上司である高山が、特攻に対する社会的な偏見を体現する人物として重要な役割を果たしているが、映画では登場しないことも挙げておこう。代わって、主人公の友人がこの役割を果たす。これと関わる点として、小説には無知で軽薄で平和ぼけした主人公以外の若者も、特攻の崇高な精神を知ることで成長する姿が記されるが、映画では主人公の成長以外にそれは描かれていないことも挙げられる。最後に、小説では数カ所、米兵が母国に残してきた家族に言及する描写があるが、映画には一切、そうしたシーンはない。宮部がアメリカ空母に突撃した後の小説のラストシーンが削られていることもその一因であろう。

主人公の姉に思いを寄せる高山隆司の存在（小説）と不在（映画）を少し検討してみたい。高山は、小説の中で「私はカミカゼアタックの人たちは国家と天皇のために命を捧げる狂信的な愛国主義者と思っています」（二二七頁）と語り、そうした精神性がテロと同じだと主張するのである。高山は単に特攻に対する誤解を体現しているだけではない。高山は新聞記者である。そして小説内での元海軍中尉の武田貴則との論争のシーンで武田は、戦前は戦争を支持しておきながら戦後には手のひらを返したように「国民に愛国心を捨てさせるような論陣を張った」（四二五頁）新聞を批判する。作者百田は『朝日新聞』を同様の趣旨で激しく糾弾してきたことを考えれば、高山が体現しているのは『朝日新聞』的な戦後民主主義だとも言える。ともあれ、小説はこの高山に主人公佐伯健太郎の姉へプロポーズさせ、最後にその姉がプロポーズを断ることで、高山に最大の復讐《ふくしゅう》をさせている。

しかし、映画にこの高山は不在である。ただしその代わりに映画にはコンパのシーンが挿入されており、これは小説には存在しない。このシーンで主人公の「ナンパ」な友人たちは、「軽薄」な女性たちを口説き、サイパンや沖縄、ハワイへ旅行に行こうと目論《もくろ》む。これらはすべて戦地であるのだが、現代の若者はそうした過去をきれいさっぱり忘れていることが前振りされている。おしゃれなレストランでワインを傾けながらのコンパシーンでは、友人の一人が特攻を「自爆テロ」に譬《たと》える。両者とも洗脳されていたとする友人に対して、主人公は特攻が決して自爆テロではないと熱く論じると周りが白けて、女性の一人が「その話、ちょっと難しくてついて行けません」と笑いながら茶化して言う。続いて、別の男性がへらへら笑いながら、特攻の遺書を読んだ感想を述べる。「あいつら」は国のために命を棄てた「一種のヒロイズム」とこき下ろす。それを聞いた主人公が激高すると、「そもそも特攻が自爆テロかどうかなんて俺たちどうでもいいし」と友人が吐き捨てる。それを聞いた主人公は友人たちに「めんどくせえ奴」と小声で馬鹿にされながらコンパを抜け出すのである。自分たちが生かされている「歴史」を知らず、自分たちの先祖を自虐的に語る若者たちは、「自虐史観」の権化として描かれるのである。

コンパを抜け出した主人公は、夜にも拘《かか》わらず豪雨の中、暴力団組長の景浦の邸宅へ祖父の話を聞きに行く。前回に会ったときには「へらへら」した軟弱さが景浦の怒りを買い追い返されたが、今回は「男」の「いい面構え」になった主人公に感心した組長が主人公の祖父の話を聞かせると、ストーリーが展開していく。主人公は過去を知ることで、そして現代の潮流に背を向けることで成長するのである。

男への成長

問題はこの成長が少年から大人へ、ではなく「男」へなることである。この成長は小説に何度か登場する。そこには国を「護る」ことと家族を「まもる」ことの接続が介在する。たとえば小説で描かれる元海軍飛行兵曹長、井崎源次郎の孫は言葉遣いが荒く、金髪にアロハシャツ、そして派手なペイントが施されたヘルメットを持って登場する。彼がオートバイで深夜に仲間たちと騒ぎ、享楽に耽《ふけ》っていたことは明らかだ。しかし、祖父の戦争経験を聞いた孫は、泣きながら回心し、その後の井崎の葬儀時に至っては髪を短く、黒く染め直し、礼儀正しい青年に矯正される。それを見た主人公佐伯健太郎も、「人々のために尽くしたい」（五〇四頁）と弁護士を志した気持ちを取り戻すのだ。小説では景浦の話を聞き終わったのち、玄関まで見送りに来た用心棒の青年が「いい話を聞かせていただきました」（五〇二頁）と深々と頭を下げる。

少年たちは、先人が特攻で命を賭してこの国を護ったこと、それが家族をまもることだったことを知り、「男」になる。第二次世界大戦中、男たちは何のために戦ったのか。作者の百田は小説にだけ登場する元海軍中尉の伊藤寛次に「そして実は我々日本人もまた、天皇陛下のために命を懸けて戦ったのではありません。それはやはり愛国の精神なのです」（一一五頁）と、元海軍少尉の岡部に「自分が死ぬことで家族を守れるなら、喜んで命を捧げようと思いました」（四一二頁）と語らせる。

映画では先ほどの景浦宅を訪れたシーンで、佐伯健太郎が「宮部久蔵、いや僕のおじいさん、いの話を聞かせて下さい」（傍点は引用者）と言い直す。このとき、宮部久蔵の話は、他人ではなく、自分の問題へと入れ替わる。それは先述の、直前にあった特攻なんて「どうでもいい」という友人の気持ちと対照的である。すなわち、自分がここに今、在る、ことが過去の「われわれ」の犠牲の決意によって与えられたものであることが強調されるのだ。

映画のラストシーンの少し手前、宮部久蔵に妻と娘を託された大石から、第二次世界大戦後の状況を聞いた佐伯健太郎は、自分の母、姉と暑い日差しの中、歩道橋を歩いている。健太郎の目には、現代の幸せそうなカップルや親子連れが飛び込む。そのとき、幸せそうな人びとの上を、笑みを湛《たた》えて零戦に乗る宮部の幻影を佐伯は見る。その後、回想場面を挿入しながら宮部の特攻のラストシーンとなる。宮部が命を賭して残した希望は、現代に生きる男、佐伯に引き継がれる。

男への成長はまた、家族をまもる責務を負うことも意味する。宮部も、宮部の妻の松乃と再婚した大石賢一郎も、家族をまもる男である。そこでまもられるのは女性である。松乃は宮部、大石、景浦にまもられる。小説、映画ともに、女性はつねに脇役で受動的でもある。小説では主人公の姉、佐伯慶子は「左翼的」な戦後民主主義の新聞記者に「言い寄られ」心が揺れる。そして別の男性からのプロポーズを「受ける」。映画において彼女は佐伯健太郎の付き添いでしかなく、男になった佐伯健太郎が暴力団組長宅に出かけるシーンでは不在である（豪雨のなか、面談を終えた健太郎を迎えに行く役割を担う）。耐える、待つ、受け入れるという、女性に対する保守的な理想像の典型である。

このようにして男が家族をまもることが国を愛し護ることに結びつけられる。その力強い決意は映画のラストシーン、宮部久蔵の突撃シーンで確認される。岡田准一扮する宮部は抜群の航空技術で空母に接近。繰り返し銃撃しても被弾しないゼロ戦を前に、米軍は右往左往する中、操縦桿《かん》を握りしめ、不敵な笑みを浮かべる宮部のアップで映画は締めくくられる。一方、原作では、甲板に特攻したものの不発に終わったシーンが記される。空母艦長が彼の遺体から妻子の写真を発見し、それを見た米兵も彼の心中を察し、海底へとその遺体が葬られる。小説では宮部の身体が二つにちぎれている。決して英雄的な死ではないものの、家族をまもる男たちの高貴な死が称えられるのである。遊就館の物語、歴史修正主義の物語と通底する護る、まもるの詩的な語りかけがそこには存在するのである。

不在が語るもの

『永遠の0』は現代と過去の二つの時間軸が存在する。映画においては戦時中のシーンになると、画面の明るさが抑えられる。まるでセピア色の写真やモノクロ写真を見ているような印象を視聴者に与える。それは忘れてはいけないわれわれの過去の演出である。

国を護った男たちの死が視覚化される一方、映画でも小説でも視覚化されていないものがある。いくつかをここからは挙げていきたいが、それは決してある小説や映画が当時のすべてを描かなければならないという理由からではないことを繰り返しになるが確認しておきたい。小説、映画、そして「歴史」でさえ、特定の視点で資料を収集、整理し、それを特定の目的で順序立てながら示すものであり、決して客観的なものではない。ここで問いたいことは、あることが意識的にせよ無意識的にせよ語られたり語られなかったりすることが、どのような効果をもたらしうるのかということである。

『永遠の0』で見えないものの第一として、すでに挙げた女性がある。戦地の情景は男たちで埋め尽くされ、そこに存在したはずの従軍看護婦などの女性は登場しない。『永遠の0』は男同士の「絆《きずな》」だけで戦場のシーンが展開するきわめてマスキュリンな物語である。しかもその男性らしさは、同胞を射撃した景浦や、理不尽に宮部に鉄拳制裁を加える上司を除けば、非常に「清廉潔癖」である。というのも、基地周辺に存在したと考えられる「慰安所」と「慰安婦」（国家による強制であろうと、民間業者によるものであろうと）が一切描かれていないからである。たとえば、女たちの戦争と平和資料館がまとめた慰安所マップは、宮部が赴任したラバウルに慰安所があったこと（それに言及する公文書の存在）を示す。『永遠の0』は、非常にホモソーシャルな空間描写だと言えるだろう。

映画でも小説でも女性たちは受動的な被害者として描かれる。どんなことも、涙も見せず、文句も言わず従い、耐える。このような女性像に次の文章を重ね合わせるとどうだろうか。

ことに若い女性は、職場で鍛へた体、職場で養つた責任感、働きながら得る教養によつて、日本の妻となり、母となつて、丈夫な子供を生み、たのもしい国民に育てあげ、家庭を守つてゆくことができる。かういふ人たちの間から、出征する夫を門口に見送つて涙も見せぬ妻や、かはいい子を大君の御楯《みたて》とさゝげ、黙つて神に祈る母親が出る。それでこそ戦地の勇士たちは何事も顧みることなく大君の御ために身をすて、職場で働く夫や子供も日々職域奉公のまことをつくすことができる。若い人が正しく、逞しく、女性がすなほに強くあつて国はいよ〳〵強いのである（五〇―五一頁）

これは一九四二年に教学局が発行した『大東亜戦争とわれら』という冊子に書かれたものである。夫を、息子を「涙も見せ」ないで送り出す。男たちが残してきた妻や母を心配しなくてもいいように、「すなほに強く」ある従順さが戦時中の女性には要求される。作中の宮部の妻はこのような女性のイメージを反映している。

しかし、女性は銃後で静かに耐えながら過ごしていただけでは決してない。彼女たちこそが銃後の日本を活発に支えたのである。国防婦人会、大日本国防婦人会が結成されるなか、女性たちは戦争への積極的な支援が求められていた。一九四〇年に制度化された隣組のシステムにおいて、地区の思想統制のために目を光らせたのは女性でもあった。

第二に、現地人の不在が挙げられる。ミッドウェーにおいてもラバウルにおいても、日本とアメリカの戦いに巻き込まれた多くの現地人がいた。しかし映画では彼らの存在自体が描かれることはないのである。文化研究者の酒井直樹は『ビルマの竪琴《たてごと》』（原作は一九四八年、映画化は一九五六年と一九八五年）において、現地人がほとんど登場しないことを指摘する（酒井二〇〇七）。描かれる現地は平和で穏やか、現地人は日本人への敵意を見せない。それによって日本の戦争責任は回避される。同じく、現地人を『永遠の0』が描き出さないことにより、ミッドウェーやラバウルに日本軍が存在したことの意味や責任への言及は回避されている。

第三に小説では米兵とその家族に関する記述が見られるものの、映画では敵がまったく見えないことが挙げられる。小説における米兵は、彼らの後ろにもまた家族がありそれらをまもる必要があることに言及する。このことは、小説『永遠の0』と遊就館展示との間に差異を作る（ただし、小説もこれが男の物語としてしまうのだが）。映画においては敵兵が不可視にされることで、彼らもまた「護る」「まもる」人間であり、彼らの後ろにも日本兵と同じように家族がいることが見えなくなる。こうした護る＝まもることの双方性は、単一の護る＝まもる物語の崇高性を攪乱《かくらん》するはずである。それによって戦争の不条理さ、無意味さも押し出されることになるだろう。

本章では二一世紀における「聖戦」の再記憶化が、博物館展示や映画によってどのように推し進められてきたのかを確認した。ありきたりな結論になるかも知れないが、そこでは、一つの解釈へ歴史が収斂され、また男、女、家族の再定義、日本の戦争責任の回避が、視覚的、物質的に提示されるのである。問題はその解釈の複数の意味での強大さが、ほかの解釈や物語を許容しないことだ。それによって、現代における日本人の歴史観や日本人への誇りが鋳直されるー方、それがほかの価値観からはどのように評価されるのかに目をつむり、耳をふさぐことになる。酒井直樹（二〇一五）は現在のこの状況を「ひきこもりの国民主義」と呼ぶが、それは言葉だけでなく、視覚と物質をともなって生成されるのである。

おわりに

戦後七〇年が過ぎ去った。七〇年に当たる二〇一五年は、戦後における戦争の解釈が注目された。日本の戦争に対する歴史認識とは、アメリカ的民主主義によってすり込まれたもので「自虐的」だと主張し、「正しい」歴史と道徳性を教える必要があると主張する人たち、謝罪ばかりを要求する近隣諸国にうんざりという人たちがいた。他方、日本の歴史的事実を「歪《ゆが》める」ことなく伝えることが重要だと考える人たちもいる。

「自虐史観」への批判において問題に思われるのは、さしあたり三つある。第一にそれは非常に単純化された物語に回収されている。善と悪、日本人と敵がつねに対置され、後者が前者を騙《だま》したり前者に侵略したりという二項対立が前提にされているのだ。第二に、それがさまざまなメディア、つまりテレビ、雑誌、教科書、インターネットのホームページや掲示板などを通して広がっているのだが、そのそれぞれのメディアの意図や操作性が、戦後の自虐史観批判者と擁護者の両方において十分に理解されていない。第三に、日本における戦後解釈や歴史観が、外部からどのように見られているのかということへの意識が乏しい。これはさまざまな外国からの日本の歴史観に対する評価を伝えないマスメディアの問題と、外国からの評価を日本への干渉として目と耳を向けないという閉鎖性が関わっているだろう。

歴史観や歴史解釈は、学校教育だけではなく、私たちを取り巻くさまざまな環境において作られる。それは、実際にあったかどうかではなく、それが現代においてどのように意味づけられるのかという問題でもある。そしてその意味づけと物語化において、視覚イメージや事物は大きな役割を果たしている。どのような意図で視覚イメージや事物が選ばれ、配置され、特定の意味を与えられるのか。それを見たり触ったりすることで、どのような感覚や解釈を人びとは獲得するのか。こうした視覚性と物質性の問題を、本書は「聖戦」を例に考えた。

そう、戦時中であっても銃後においては、戦争は「物語」だった。もちろん、兵士たちは命がけで戦っていた。しかし本書で見てきたように、彼らの生も死も、その思いも、銃後のほとんどの国民は戦線にいないから知ることができない。それは現代においても同じことだ。つまり、「聖戦」は、戦争前、戦時中、そして現代における視覚文化でありかつ物質文化なのである。ただし、だからといって戦争がただの虚構だったと言いたいわけではないことは繰り返し強調しておこう。

視覚性と物質性を考えることで本書が意図したことは、過去の戦争の事実を掘り起こすことでも、過去の広告の虚構性を暴き出すことでもない。私たち自身のものの見方、ものの考え方を振り返ることが本書の意図である。私たちの戦争観、戦後観は歴史的、地理的、文化的、社会的に作られたものであり、物質的でもある。私たちはどこから歴史を、戦争を見ているのか、考えているのか、「出来事」と「私たち」のあいだにどのような媒介物《メディア》が存在し、それによって私たちの頭や目に「フィルター」がかけられているのか。こうしたことを常に問い直し続けることでのみ、私たちはかろうじて幻想への耽溺《たんでき》から逃れることができる。

その中で私たちはまだ「戦後を生きていない」ことが明らかになったと言える。戦争の当事者、被害者がこの世を去っていく過程で、「聖戦」の想像力は再び形をなしつつある。それは視覚的、物質的そして言語的な再構成である。また、戦時中の雑誌や展示品には指導者ではなく、戦い、護り抜く「国民」が表れる。普通の人びとの前面化、主役化は、国民の審美化をもたらす一方、美しさに目を奪われるために政治的問題や矛盾から目を逸らせる。これがファシズムだとすれば、昨今のメディアにおける戦時中の普通の日本人の家族への思い、友情のせり出しは政治的問題だと言えるだろう。国民総ての「活躍」も注意が必要だ。日本人で「あること」の審美化だけでなく、「として」積極的に行為することの審美化は、充実感を与えながら、矛盾を覆い隠すのである。

このような作業こそが、歴史解釈の当否を、自虐史観の当否を雄弁に語る以前に必要なのだ。そうした再帰的な営みこそ、そしてそこで遭遇する知りたくないことや見たくないことに向き合う努力こそ、「知性」と呼ぶべきである。残念なことに、二〇一五年はこうした知性への努力が否認されかけた一年でもあった。国立大学の人文系学部の廃止あるいは再編は、単純に言えば「役に立たない」学問の「役に立つ」学問による取り替えである。大学内での「大騒動」と批判を引き起こした数ヶ月後、文科省は廃止は「誤解」だと「訂正」し、幕引きされたが、

「実践的」教育への切り替え論は様々な場で語られている。誰にとって、どのように役に立つのか、あるいは役に立つとはどういうことかという議論がなされたのだろうか。こうした人文系学問の軽視は、単純化する戦争物語のコインの表裏を成しているような気がする。

本書はこれまでの私のナショナリズム研究における一つの成果物である。それは視覚性や物質性の議論を、日本において、地理学者として論じるためにもがいてきた成果でもある。銃後と戦地という空間的隔たりを視覚イメージや物質が埋めていく。戦地、敵の支配地、ある場所の敵といった場所のイメージを視覚イメージが作り上げていく。時間的、空間的に隔たった過去の記憶を再構築する展示空間。こうしたことは地理の問題なのである。

この研究の着想と資料収集はさまざまな研究プロジェクトを通して編み上げられたのだが、それは科学研究費補助金のプロジェクトに大きく拠《よ》っている。私の個人のプロジェクト（「地理的知の成立と観光の関わりに関する研究」若手（B））は、イギリスのダラム大学地理学部の研究スタッフと何度も話し合い、批判とアドバイスを得ることを可能にした。そのほか研究分担者として関わったプロジェクト（島津俊之代表「言語と物質性からみた地理的モダニティの構築に関する地理学史的研究」基礎（B）、中島弘二代表「自然の生産と消費に関する批判地理学的研究」基盤（B））では、視覚性や物質性の議論をまとめる機会を複数得た。さらに、本書に直接関係する戦争の視覚性と物質性については、二〇一五年の人文地理学会大会においてセッション

Visuality/ Materiality を組み、そこで発表を行った。これらの場での議論は新たな気づきをもたらしてくれた。

戦時中の雑誌が持つ視覚イメージの重要性に気づかせてくれたのは、沖縄県祈念資料館である。資料館学芸主査の新垣誠さんには、所蔵する雑誌の閲覧でお世話いただいた。本書で使用した『写真週報』の多くはここで見せていただき、写真撮影させていただいたものである。思えばこの資料館の視覚性と物質性は大変興味深い。非物質・非視覚的な証言が資料として視覚・物質化される。展示品という物質は単一の「日本史」の物語を拒む。資料館の外には沖縄戦で亡くなった人びとの名前を刻んだ「平和の礎」が、「皇民」による「聖戦」の実状を語りかけている。

KADOKAWAの麻田江里子さんには、企画当初から関心を示していただき、編集でも大変お世話になった。

そのほか、ここに記すことのできないほどの多くの方々にも感謝申し上げたい。

二〇一五年暮れ

筆者

■参考文献

朝日新聞社編（一九三〇）『全日本より選ばれたる健康児三百名』東京朝日新聞社
朝日新聞百年史編集員会（一九九一）『朝日新聞社史 大正・昭和戦前編』朝日新聞社
小田義幸（二〇〇八）「『写真週報』に見る食糧問題」玉井清編の『戦時日本の国民意識―国策グラフ「写真週報」とその時代』慶應義塾大学出版会
柏木 博（二〇〇〇）『肖像のなかの権力』講談社
河田明久監修（二〇一四）『別冊太陽 画家と戦争』平凡社
神坂次郎・河田明久・丹尾安典・福富太郎（二〇一〇）『画家たちの「戦争」』新潮社
香内三郎・山本武利ほか（一九八七）『現代メディア論』新曜社
酒井直樹（二〇〇七）『日本／映像／米国―共感の共同体と帝国的国民主義』青土社
酒井直樹（二〇一五）「パックス・アメリカーナの終焉とひきこもりの国民主義」『思想』七月号
柴岡信一郎（二〇〇七）『報道写真と対外宣伝 15年戦争期の写真界』日本経済新聞社
清水唯一朗（二〇〇八）「国策グラフ『写真週報』の沿革と概要」玉井清編の『戦時日本の国民意識―国策グラフ誌「写真週報」とその時代』慶應大学出版会
白山眞理（二〇一四）『〈報道写真〉と戦争：1930-1960』吉川弘文館
大日本興亜同盟編・発行（一九四二）『聖戦五周年』
玉井 清編（二〇〇八）『戦時日本の国民意識―国策グラフ誌『写真週報』とその時代』慶應義塾大学

出版会
辻田真佐憲（二〇一五）『たのしいプロパガンダ』イースト・プレス
徳富猪一郎（一九四一）『皇国日本の大道』明治書院
内閣情報部編・発行（一九三七）『アジア再建の聖戦』
中村祐司（一九九二）「戦時下の「国民体育」行政―厚生省体力局による体育行政施策を中心に―」早稲田大学人間科学研究第五巻第一号
バルト・R（一九九七）『明るい部屋―写真についての覚書』（花輪光訳）みすず書房
早川タダノリ（二〇一〇）『神国日本のトンデモ決戦生活』合同出版
フォスター・H 編（二〇〇七）『視覚論』（榑沼範久訳）平凡社
福間良明（二〇一五）『「聖戦」の残像―知とメディアの歴史社会学』人文書院
藤原 肇（一九三八）『革新への進路』藤原肇出版
保阪正康監修（二〇一二）『『写真週報』に見る戦時下の日本』世界文化社
歩兵第四十七聯隊編・発行（一九三四）『聖戦 思ひ出の記』
マクルーハン・M（一九八七）『メディア論 人間の拡張の諸相』（栗原 裕・河本仲聖訳）みすず書房
丸山泰明（二〇〇七）「兵士の死をめぐる展示――遊就館における死者の展示の誕生と展開」大阪大学日本学報第二六号
ミッチェル・T（二〇一四）『エジプトを植民地化する 博覧会世界と規律訓練的権力』（大塚和夫・赤堀雅幸訳）法政大学出版局
森 正人（二〇〇五）「連合される弘法大師と日本文化―1934年の「弘法大師文化展覧会」を中心

に—」『地理学評論』七八巻一号
森 正人（二〇〇七）「近代国民国家のイデオロギー装置と国民的偉人—楠木正成をめぐる明治期のふたつの出来事—」『人文論叢』二四号
森 正人（二〇一〇）『昭和旅行誌　雑誌『旅』を読む』中央公論新社
吉田徳次郎（一九四一）『戦時日本政治の再編成』高田書院
ランシエール・J（二〇〇九）『感性的なもののパルタージュ—美学と政治』梶田裕訳、法政大学出版局
若林 宣（二〇〇八）『戦う広告—雑誌広告に見るアジア太平洋戦争』小学館
Bownes, D. & Fleming, R. (2014) *Posters of the First World War*. Shire Publications.
Casey, S. (2008) *Selling the Korean War: Propaganda, Politics, and Public Opinion in the United States, 1950-1953*. Oxford University Press.
Hall, S., Critcher, C., Jefferson, T., Clarke, J. & Roberts, B. (1978) *Policing the Crisis: Mugging, the State and Law and Order*. The Macmillan Press.
Hoskins, A. & O'Loughlin, B. (2010) *War and Media*. Polity.
Kirshenblatt-Gimblett, B. (1998) *Destination Culture: Tourism, Museums, and Heritage*. University of California Press.
Smith, L. (2006) *Uses of Heritage*. Routledge.
Mirzoeff, N. (2009) *An Introduction to Visual Culture*. Routledge.
Rose, G. (2003) On the Need to Ask How, Exactly, Is Geography "Visual"?, *Antipode* 35.
Scott, C. (2014) *Comics and Conflict: Patriotism and Propaganda from WWII Through Operation*

Iraqi Freedom. Naval Institutie Press.

Stole, I. (2012) *Advertising at War: Business, Consumers, and Government in the 1940s*. University of Illinois Press.

森　正人（もり・まさと）
1975年、香川県生まれ。2003年関西学院大学大学院文学研究科博士課程修了、博士（地理学）。三重大学助教授を経て、07 年より同大学准教授。専門は文化地理学。著書に『四国遍路—八八ヶ所巡礼の歴史と文化』『大衆音楽史——ジャズ、ロックからヒップ・ホップまで』（ともに中公新書）、『ハゲに悩む—劣等感の社会史』（ちくま新書）、『英国風景の変貌　恐怖の森から美の風景へ』（里文出版）などがある。

角川選書568

戦争《せんそう》と広告《こうこく》　第二次大戦《だいにじたいせん》、日本《にっぽん》の戦争広告《せんそうこうこく》を読《よ》み解《と》く

平成28年２月25日　初版発行
令和６年５月10日　４版発行

著　者／森《もり》　正人《まさと》

発行者／山下直久

発　行／株式会社KADOKAWA
〒102-8177　東京都千代田区富士見2-13-3
電話 0570-002-301（ナビダイヤル）

印刷所／株式会社KADOKAWA

製本所／株式会社KADOKAWA

装　丁／片岡忠彦　　帯デザイン／Zapp!

●お問い合わせ
https://www.kadokawa.co.jp/（「お問い合わせ」へお進みください）
※内容によっては、お答えできない場合があります。
※サポートは日本国内のみとさせていただきます。
※Japanese text only

定価はカバーに表示してあります。

ISBN 978-4-04-703583-6 C0331

◆◇◇

この書物を愛する人たちに

詩人科学者寺田寅彦は、銀座通りに林立する高層建築をたとえて「銀座アルプス」と呼んだ。
戦後日本の経済力は、どの都市にも「銀座アルプス」を造成した。
アルプスのなかに書店を求めて、立ち寄ると、高山植物が美しく花ひらくように、
　書物が飾られている。

印刷技術の発達もあって、書物は美しく化粧され、通りすがりの人々の眼をひきつけている。
しかし、流行を追っての刊行物は、どれも類型的で、個性がない。
歴史という時間の厚みのなかで、流動する時代のすがたや、不易な生命をみつめてきた先輩たちの発言がある。
また静かに明日を語ろうとする現代人の科白がある。これらも、
銀座アルプスのお花畑のなかでは、雑草のようにまぎれ、人知れず開花するしかないのだろうか。
マス・セールの呼び声で、多量に売り出される書物群のなかにあって、
選ばれた時代の英知の書は、ささやかな「座」を占めることは不可能なのだろうか。
マス・セールの時勢に逆行する少数な刊行物であっても、この書物は耳を傾ける人々には、
飽くことなく語りつづけてくれるだろう。私はそういう書物をつぎつぎと発刊したい。
真に書物を愛する読者や、書店の人々の手で、こうした書物はどのように成育し、開花することだろうか。
私のひそかな祈りである。「一粒の麦もし死なずば」という言葉のように、
こうした書物を、銀座アルプスのお花畑のなかで、一雑草であらしめたくない。

一九六八年九月一日　　角川源義

戦国大名・伊勢宗瑞
黒田基樹

近年人物像が大きく書き換えられた伊勢宗瑞。北条氏研究の第一人者が、最新の研究成果をもとに、新しい政治権力となる戦国大名がいかにして構築されたのかを明らかにしつつ、その全体像を描く初の本格評伝。

624

978-4-04-703683-3

新版　古代史の基礎知識
編 吉村武彦

歴史の流れを重視し、考古学や歴史学の最新研究成果を取り入れ、古代史の理解に必要な重要事項を配置。新聞紙上をにぎわしたトピックをはじめ、歴史学界で話題の論争も積極的に取り上げて平易に解説する。

643

978-4-04-703672-7

シリーズ世界の思想
マルクス　資本論
佐々木隆治

経済の停滞、政治の空洞化……資本主義が大きな転換点を迎えている今、マルクスのテキストに立ち返りこの世界の仕組みを解き明かす。原文の抜粋と丁寧な解説で読む、画期的な『資本論』入門書。

1001

978-4-04-703628-4

シリーズ世界の思想
プラトン　ソクラテスの弁明
岸見一郎

古代ギリシア哲学の白眉ともいえる『ソクラテスの弁明』の全文を新訳とわかりやすい新解説で読み解く。誰よりも正義の人であったソクラテスが裁判で何を語ったかを伝えることで、彼の生き方を明らかにする。

1002

978-4-04-703636-9

密談の戦後史

塩田 潮

次期首相の座をめぐる裏工作から政界再編の秘密裏交渉まで、歴史の転換点で行われたのが密談である。憲法九条誕生から安倍晋三再擁立まで、政治を変える決定的な役割を担った密談を通して知られざる戦後史をたどる。

601

978-4-04-703619-2

今川氏滅亡

大石泰史

駿河、遠江、三河に君臨した大大名・今川氏は、なぜあれほど脆く崩れ去ったのか。国衆の離叛や「家中」弱体化の動向等を、最新研究から丹念に検証。桶狭間敗北や氏真に仮託されてきた亡国の実像を明らかにする。

604

978-4-04-703633-8

古典歳時記

吉海直人

日本人は自然に寄り添い、時季を楽しんできた。旬の食べ物、花や野鳥、気候や年中行事……暮らしに根ざすテーマを厳選し、時事的な話題・歴史的な出来事を入り口に、四季折々の言葉の語源と意味を解き明かす。

606

978-4-04-703657-4

エドゥアール・マネ

西洋絵画史の革命

三浦 篤

一九世紀の画家、マネ。伝統絵画のイメージを自由に再構成するその手法は、現代アートにも引き継がれる絵画史の革命だった。模倣と借用によって創造し、古典と前衛の対立を超えてしまう画家の魅力に迫る。

607

978-4-04-703581-2